京口文化丛书

京口神韵

编著 巫长龙

江苏大学出版社
JIANGSU UNIVERSITY PRESS

镇江

图书在版编目（CIP）数据

京口神韵/巫长龙编著. -- 镇江：江苏大学出版
社，2023.9
ISBN 978-7-5684-2032-7

Ⅰ. ①京… Ⅱ. ①巫… Ⅲ. ①区（城市）—文化史—镇
江 Ⅳ. ①K295.34

中国国家版本馆 CIP 数据核字（2023）第 172432 号

京口神韵
Jingkou Shenyun

编　　著/巫长龙
责任编辑/常　钰
出版发行/江苏大学出版社
地　　址/江苏省镇江市京口区学府路 301 号（邮编：212013）
电　　话/0511-84446464（传真）
网　　址/http：//press.ujs.edu.cn
排　　版/镇江文苑制版印刷有限责任公司
印　　刷/扬州皓宇图文印刷有限公司
开　　本/890 mm×1 240 mm　1/32
印　　张/5.75
字　　数/137 千字
版　　次/2023 年 9 月第 1 版
印　　次/2023 年 9 月第 1 次印刷
书　　号/ISBN 978-7-5684-2032-7
定　　价/48.00 元

如有印装质量问题请与本社营销部联系（电话：0511-84440882）

总　序

徐耀新

　　镇江京口区委、区政府组织编写的"京口文化丛书"陆续出版发行。这是以口袋本丛书展示江苏地域文化的又一积极尝试。京口文化处于南京古都文化、吴文化和维扬文化结合部，是江苏地域文化的重要亚区之一，有着独特的历史传承和风貌特征。"上下千数百年，名公巨卿，鸿儒硕彦，项背相望。"此地历史上风流竞逐，尤以六朝时期为盛，"六代风流人物综萃于斯"，留下了许多鸿篇巨制，诸如刘勰的《文心雕龙》、萧统的《昭明文选》等在中国文学史上被称为"开山之作"的传世名著，以及被称为"碑中之王"的《瘗鹤铭》。"何处望神州？满眼风光北固楼。千古兴亡多少事？悠悠，不尽长江滚滚流。"辛弃疾的这首千古绝唱对京口文化做了最具代表性的画面定格。

　　京口文化先后受到多种文化的影响，不断地融进了外来文化的元素，体现了多元化的发展方向，其特征和内涵可以概括为四个方面：一是南北交汇，开放包容。"江山清绝，襟吴带楚。"京口地处"吴头楚尾"，历史上受南下的北方移民影响很大，成为吴文化与北方文化不断冲突融合的典型地带。二是具有鲜明的山水文化特质。"京口江山，为天下冠。"京口是长江和京杭大运河十字"黄金水道"的地理交汇点，"三山五岭八大寺",境内分布着金山、焦山、北固山等著名山峰,独特的地理风貌孕育了京口文化。陶渊明、谢灵运、王昌龄、李白、苏轼、辛弃疾等著名的诗人词家,在这里留下众多歌咏山水的不朽诗篇。江山如画,唐代诗人王湾咏之为:"潮平两岸阔,风正一帆悬。"三是军事文化内涵丰富。临江靠山的京口自古以来一直是江防要塞,兵家必争,战争频繁。三国时代孙权坐镇京口抗击曹操,赤壁之战"虽获捷于赤壁,实决机于丹徒"。宋金水师会战,"梁红玉击鼓战金山"传为千古佳话。辛弃疾发出千古感慨,"想当年,金戈铁马,气吞万里如虎"。四是宗教文化多元积淀。我国本土道教的著名派别茅山宗形成于镇江。佛教在东汉时即传入镇江,金山寺是中国佛教禅宗四大名寺之一。唐代时为留居镇江的阿拉伯和波斯商人修建的古润清真寺,是我国最早的伊斯兰教清真寺之一。鸦片战争后,随着镇江通商口岸开放,基督教、天主教的传教士纷纷来此传教,留下了赛珍珠那样的动人故事。

"诗文随世运,无日不趋新。"站在"十三五"经济社会发展的新起点,京口区委、区政府采纳笔者的建议,将编撰"京口文化丛书"纳入了京口区经济社会发展"十三五"规划,体现了京口区委、区政府彰显和弘扬京口优秀传统文化的责任担当,体现了镇江人民的文化自信和文化自觉。丛书的编撰贯彻了习近平总书记系列重要讲话精神特别是关于文化建设的新思想、新论述,以"精彩江苏"文化品牌为统领,纵横结合,书写京口文化的发展历程。《京口群贤》《京口烽烟》《京口风物》《京口诗画》《京口文华》和《京口神韵》等,从不同的横断面反映多姿多彩的京口文明,或诠释京口文化的典型形态,或描绘风景风俗、富饶物产和美丽传说,或刻画名人贤士，或赏析诗词丹青，或评述战争风云，或纵论京口精神。编撰者还向"大家小书"丛书学习，装帧设计秀美素雅，每本篇幅均在 10 万字左右，便携可堪卒读。

期盼编撰者能独运匠心、精耕细作、精益求精，使"京口文化丛书"珠联璧合，讲述京口故事，展示江苏精彩，传播中国声音，成为宣传和展示江苏地域文化的又一靓丽名片！

（作者系原江苏省文化厅党组书记、厅长）

前　言

　　京口是镇江古称，素有"天下第一江山"之美誉。长江运河交汇，真山真水交织，城景自然交融，古今相映生辉，魅力京口更显神韵！

　　神于时光磨洗、璀璨如华！京口建城史超过3000年，是吴文化的发祥地之一，隋唐直至近代均是府治、县治所在地，被誉为"三国名城""六朝都会""漕运咽喉"，孕育了祖冲之、刘勰、萧统等众多英才，北宋沈括在此撰写了被誉为"十一世纪科学坐标"的《梦溪笔谈》……凡此种种，都让京口更为厚重、更具内涵！

　　韵自华章迭出、"京"彩绽放！京口作为镇江市主城区，时刻牢记习近平总书记"镇江很有前途"的谆谆嘱托，在新征程上感恩奋进、勇毅前行，中国式现代化京口新实践迈出坚实步伐，京口先后获评全国"高质量发展百强区""科技创新百强区""投资潜力百强区""营商环境百强区"……伟业连连，让京口更自信、更荣光！

　　唯愿读者在《京口神韵》中品读京口、感悟京口、爱上京口，这也正是编著此书的目的。相信并祝福京口的明天更美好！

目 录

上 编

上

编

◎

第一章　六朝都会

早在新石器时代，古京口就有远古先民在此生活。周景王七年（前538），在这片土地上，吴楚之间发生了"朱方之役"。秦始皇东巡至此，凿冈开河，成为后来江南运河北端的雏形。西汉景帝年间爆发"七国之乱"，吴王刘濞兵败后逃至此处，被杀身亡。这些厚重的历史，在京口这片古老的大地上谱写下了动人的篇章。

京口正式浓墨重彩地登上历史舞台，始于东汉末三国孙吴时期。汉献帝建安十四年（209），孙权自吴理丹徒，号曰"京"城；十七年（212）移治秣陵（今江苏南京）后，京口还只是丹徒县的一个小小里落，它最终被历史洪流所挟裹着，一步步成为江南军事重镇。

第一节　孙权修筑铁瓮城

"京口"之名，始于东汉末年，与孙吴政权在北固山下开凿新的通江河道有关。

《元和郡县图志》引《吴志》，云："汉献帝兴平二年，长沙桓王孙策创业江东，使将军孙河领兵屯京地。"《三国志·吴书·孙韶传》云，孙河"后为将军，屯京城"。所谓"京地"，指的是丹徒县西乡京口里，其地又名徐陵。《太平寰宇记》引《南徐州记》，云："京口先为徐陵，其地盖丹徒县之西乡京口里也。"所谓"京城"，指在京口里所筑之城池。

孙策，字伯符，美姿颜，好笑语，少有异志，系孙坚之子，孙权之兄。建安五年（200）春，孙策在丹徒西山（今京口汝山）狩猎时，遇刺身亡，年26岁。孙河，字伯海，乃孙坚族子，一度改姓俞，因受孙策喜爱，后被赐复姓孙。建安九年（204），孙权的弟弟、丹杨太守孙翊为属下所杀。闻此消息，孙河急赴丹杨郡治所宛陵处置此事，未料亦遇害。

《尔雅·释丘》中说，丘"绝高为之京"。也就是说，"京"是高高的山丘的意思。孙河驻守的京城，位于今天的北固山前峰，这里地势高耸，因此被称为"京"。《南史·萧正义传》云："初，京城之西有别岭入江，高数十丈，三面临水，号曰'北固'。"山脚之下，正是古运河通江口，这便是"京口"地名的来历。

丹徒县长江段，由此被称为"京江"。南朝刘宋山谦之《南徐州记》云："京江，《禹贡》北江。"可见其时已有"京江"之名。唐宋诗歌中吟咏京江之作颇多。如唐孟浩然《渡扬子江》有句："桂楫中流望，京江两畔明。"杜牧《杜秋娘诗》有句："京江水清滑，生女白如脂。"宋刘学箕《古交行》有句："君居京江头，我住武夷曲。"

唐徐坚《初学记·地部》云："凡长江有别名，则有京江、瓜步江、乌江、曲江；凡江带郡县因以为名，则有丹徒江、钱塘江、会稽江、山阴江、上虞江、广陵江、郁林江、广信江、始安江、牂牁江、成都江。"可见旧时丹徒江一度与钱塘江比肩。"京江"的说法出现后，"丹徒江"之名才逐渐湮没不闻。

京口地处丹徒县西乡，起初被称为"京口里"。所谓"里"，指的是最基层的地方行政组织。《汉书》称："五家为邻，五邻为里。"也就是说，西汉时，一里大概也就二十五户人家。"里"的规模，历朝历代都不一样。《后汉书》云："里魁，掌一里百家。""里魁"即俗称之"里正"，乃是一里之长。可见东汉时"里"的规模扩大了不少。

孙权，字仲谋，系孙策之弟，为人崇尚侠义，礼贤下士。孙策遇刺身亡后，孙权继承孙策之业，进一步巩固了对江东地区的统治。无论孙策还是孙权，都很重视京口的战略地位。继汉献帝兴平二年（195），孙策命孙河领兵"屯京地"之后，建安十三年（208），孙权更是将将军府迁于京口。

孙权迁移将军府，与时局有关。曹操"挟天子以令诸侯"，陆续消灭袁绍、袁术兄弟及占据荆州的刘表，下一步意欲举兵攻打江东，一统华夏。曹操兵力强盛，对孙权来说，在积极备战的同时，如何利用长江天险抵御曹操大军，是他必须面对的问题。正是出于战略考虑，孙权决定将将军府由吴（今江苏苏州）迁至京口。京口地处南北冲要，又有江防之险，有利于全面备战。

建安十三年（208）年底，几乎妇孺皆知的赤壁之战爆发。孙吴联军最终大败曹操大军。赤壁之战获胜，与孙权徙京不无关系。孙权将府治迁于京口，体现了誓死抗曹的决心，极大地鼓舞了将士的斗志。而这场战争的获胜，也为后来天下三分的局面奠定了基础。建安十四年（209），刘备来到京口，求借荆州南郡，同时向孙权提亲，迎娶孙夫人，进一步加强了"孙刘联盟"。双方携手共拒曹操，从而奠定天下三分之势。

孙权徙京后，于北固山前峰修筑铁瓮城。南朝顾野王《舆地志》云，此城为"吴大帝孙权所筑，周回六百三十步，开南、西二门，内外皆固以砖甓"。可见这座铁瓮城面积不大，大概是一座军事壁垒。

关于铁瓮城得名之由，元《至顺镇江志·城池》引《唐图经》，云："古号铁瓮城者，以其坚固如金城之类。"认为此城修筑得十分牢固，遂被称为"铁瓮城"。此外另有一说，宋程大昌《演繁露》云："雉堞缘岗，弯环四合……圆深之形，正如卓瓮。"认为铁瓮城得名，是因其形似瓮状。

铁瓮城和孙河、孙韶曾驻守的京城之间，又是什么关系呢？有人认为，这是同一座城，孙权系在京城的基础上，对城池进行加固修缮，筑成铁瓮。也有人认为，这是两座不同的城，铁瓮城是京城的子城，京城的规模要比铁瓮城大。清周镐《京江二十四景》册页绘有"山绕瓮城"，当年城垣规模略可管窥一二。

山绕瓮城
选自清代画家周镐《京江二十四景》图册，镇江博物馆藏

铁瓮城与南京的石头城、鄂州的吴王城，并称三大"东吴古都"。其中铁瓮城不仅建造年代最早，保存也相对完整。

始于20世纪90年代的铁瓮城考古发掘，已取得较为丰硕的成果。考古揭示，此城系利用北固山南峰加筑而成，夯土外侧多见加护砖墙。城垣平面近椭圆形，南北长约480米，东西宽处近300米。此外，还先后发现

铁瓮城南门遗址

城内官衙建筑、城外石路、城壕等遗迹，出土文字砖、瓦当、青瓷器、铜铁器、五铢钱等文物。铁瓮城遗址已被列为全国重点文物保护单位。

建安十六年（211），孙权将府治迁至秣陵，"复于京口置京督以镇焉"。所谓"京督"，即京下督，亦称徐陵督。京口扼秣陵之门户，正如清顾祖禹在《读史方舆纪要》里所说的："建业之有京口，犹洛阳之有孟津。自孙吴以来，东南有事，必以京口为襟要。京口之防或疏，建业之危立至。"京口的战略地位由此得到极大提高。

第二节　静镇京口书大业

京口真正浓墨重彩地登上历史舞台是在东晋时期。西晋末年，北方游牧民族内迁，为避战乱，大批北方士族、流民，纷纷背井离乡，渡过长江，掀起了中国历史上第一次人口南迁的热潮。这股热潮兴起于晋怀帝永嘉年间，史称"永嘉南渡"。

地处长江南岸交通要道的京口，在这股人口迁徙热潮中，迎来了大批的移民，外来人口数量竟一度超过本地居民，成为南下移民数量最为集中的地区。

《晋书》里记载了一些北方士族、流民移居京口的事迹。

《晋书·徐邈传》记载，徐邈原本是东莞姑幕（今山东诸城）人。永嘉之乱后，徐邈的祖父徐澄之和老乡臧琨等人一起，率领子弟及同乡千余户人家，渡江南下，定居于京口。

《晋书·刘惔传》记载，刘惔原本是沛国相（今安徽淮北）人。为了避乱，他和母亲任氏寄居于京口。因为家境贫寒，刘惔便靠织草鞋养家。生活虽说清苦，他却是怡然自得。刘惔后来娶晋明帝之女庐陵公主为妻，和一代枭雄桓温成了连襟。桓温娶的是南康长公主。《世说新语》里载有几则刘惔和桓温间的趣事。刘惔卒于丹杨尹任上，年 36 岁。

永嘉之乱中，渡江南下的士族、流民还有不少。后来建立刘宋政权的宋武帝刘裕，其曾祖父刘混即于此时渡江南下，定居京口。此外还有闻鸡起舞、击楫中流的祖逖，以及"京口之蠹"渤海刁氏等。大批士族、流民南下，极大地促进了江南地区经济社会文化的进一步繁荣和发展。

东晋从建立之初开始，发生过多次叛乱。东晋初年，以

"王敦之乱"最为著名。

晋元帝永昌元年（322）正月，镇东大将军王敦以诛杀刘隗、刁协为借口，从武昌挥师直捣京城建康，一时间举朝震惊。

王敦是东晋开国功臣王导的堂兄，出自琅琊王氏，乃是名门望族。王导和王敦一个在朝廷秉政，一个在地方掌兵，威望很高，时人称"王与马，共天下"。这里的"马"指的是晋元帝司马睿，也就是说，很多人认为，当时的天下由司马睿和王导、王敦兄弟共同执掌。这是东晋门阀政治的突出表现。

晋元帝很想改变这种局面，便提拔刘隗、刁协等士族，以制衡王氏。刘隗、刁协致力于加强皇权，主张以严厉的法治排抑豪族，由此引发第一高门王氏及其他大族的强烈不满。如此一来，引发王敦之乱。

永昌元年（322）三月，王敦军队打到石头城下。晋元帝慌了手脚，命令刁协、刘隗领兵迎敌。他们岂是王敦的对手，战败在意料之中。打了败仗，两人入宫面见晋元帝。晋元帝痛哭流涕，让他们赶紧逃命。刘隗投奔后赵，官至太子太傅而卒；刁协年老，难耐骑乘之苦，逃至江乘（今江苏南京栖霞山东南）后，为乱兵所杀，首级被送给王敦。

虽说王敦很快返回武昌，但却遥控朝政，大肆培植党羽。这一年年底，晋元帝郁郁而终。太子司马绍即位，史称晋明帝，次年改元太宁。

晋元帝病逝后，移师武昌、把持朝政的王敦有了篡夺皇位的企图。此时，有一支流民队伍渡江而来，成为晋明帝倚重的军事力量。这支队伍由"流民帅"郗鉴率领，所谓"流民帅"，与当时的私兵制有关。一些门阀士族可以招募流民，组建私人部曲武装，首领便被称为"流民帅"。

郗鉴，字道徽，高平金乡（今山东嘉祥南四十里阿城埠）人，汉献帝时御史大夫郗虑的玄孙。据《晋书·郗鉴传》记载，郗鉴渡江南来之后，晋明帝很是倚仗他，和他共同商议如何平定王敦之乱。

王敦一心想要篡夺皇位，可是天不遂人愿。太宁二年（324），王敦身染重病。晋明帝发布诏书，罗列了一长串王敦的罪行，下令讨伐王敦的亲信钱凤。王敦听闻此消息，勃然大怒，决定再次兵发建康。当前方兵败的消息传至姑孰（今安徽当涂北）时，坐镇于此的王敦气急攻心，一命呜呼。这场几乎动摇东晋基业的叛乱，就这样被平定了。

平乱之后，郗鉴被封为高平侯，不久又领兖州刺史、徐州刺史，镇广陵（今江苏扬州）。

王敦之乱平息次年，晋明帝驾崩，太子司马衍登基，史称晋成帝，次年改元咸和。

咸和二年（327），东晋再次爆发苏峻、祖约之乱。苏峻、祖约打出的旗号是讨伐庾亮，也就是皇太后庾文君的哥哥。晋成帝登基时只有四五岁，由庾亮和王导共同辅政。庾亮遇事专断，执意征召历阳内史苏峻入朝，意欲剥夺他的兵权。结果苏峻联合豫州刺史祖约，发动叛乱。乱军势如破竹，攻入京师建康，庾亮出逃。苏峻胁迫晋成帝改易百官，自称骠骑将军，总揽朝政。继王敦之乱后，东晋朝廷再一次面临巨大危机。

据《晋书》载，面对苏峻、祖约之乱，驻守广陵的郗鉴对平南将军温峤说："今贼谋欲挟天子东入会稽，宜先立营垒，屯据要害，既防其越逸，又断贼粮运。然后静镇京口，清壁以待贼。贼攻城不拔，野无所掠。东道既断，粮运自绝，不过百日，必自溃矣。"温峤深以为然。郗鉴随后与后将军郭默等率众渡江，移镇京口，立大业、曲阿、庱亭三垒以防御叛军。

郗鉴首倡"静镇京口"，这番议论颇有见地。镇守京口，既可以防止苏峻大军东取三吴地区，又可以切断由三吴地区运送而来、途经京口的粮草供给。郗鉴所建三垒，分别位于什么地方呢？清顾祖禹《读史方舆纪要》中说，大业垒在句容县北，曲阿垒位于曲阿城西，庱亭垒位于丹阳东四十七里与武进交界处。可见此三垒均位于咽喉要塞之地。

行军作战，粮草乃是物质基础。苏峻大军粮草通道被切

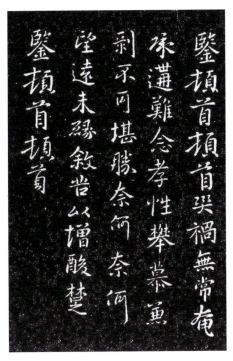

孝性帖
郗鉴书，选自宋拓《淳化阁帖》

断，果然军心大乱。郗鉴驻守京口，却能得到大量的粮草。粮路被断，乱军不甘心坐以待毙，领兵前去攻打大业垒。当时大业垒乏水，众兵士甚至饮用粪水。守将郭默眼见难以守住这座堡垒，便率军突围而出。

大业垒失守的消息传到京口，一时三军失色。参军曹纳认为，大业垒是京口屏障，此垒失守，乱兵乘势向前，京口难守。他劝郗鉴退还广陵，以俟后举。郗鉴说："吾蒙先帝厚顾，荷托付之重，正复捐躯九泉不足以报。今强寇在郊，众心危迫，君腹心之佐，而生长异端，当何以率先义众，镇一三军邪！"竟要将曹纳斩首，后众将求情，方才得免。

就在此时，战事有了转机。作为勤王大军的盟主，陶侃猛攻石头城，苏峻战败被杀，祖约投奔后赵。这场历时两年的叛乱方才平定。郗鉴随后派出将士，剿灭叛军残余势力，收降一万多人。

王敦、苏峻之乱能相继被平定，郗鉴功劳甚伟。正如史学家胡三省所说的："王敦、苏峻之乱，匡复之谋，郗鉴为多。"苏峻之乱平定后，郗鉴被拜为司空，加侍中，都督东南八郡。郗鉴就此长期镇守京口，书就了"静镇京口"的大业。正是在郗鉴的苦心经营之下，京口从丹徒县西乡的小小里落，一步步成为长江下游的军事重镇。

1984年，镇江市区花山湾发现东晋晋陵罗城遗址，城砖印有"晋陵罗城孟胜""砌城""罗城砖""晋陵"等文字。罗城，指外郭大城。胡三省注《资治通鉴》云："凡大城谓之罗城，小城谓之子城。"晋陵罗城遗址出土文物以青瓷为主，造型、纹饰富有特色。专家认为，晋陵罗城初创于郗鉴镇守京口期间，后来王恭在此基础上"更大改创"而成。罗城遗址现已辟为古城公园。

驻守京口时，郗鉴还为女儿郗璿完成了婚姻大事。东晋时门阀制度盛行，家族之间要相互支援，互为婚姻是很重要的途径。郗鉴为女儿择婿，选中的是琅琊王氏。永嘉南渡后，琅琊王氏对稳定东晋政权厥功至伟，被称为"第一望族"。

郗鉴择婿的故事，被记录在《世说新语·雅量》里。郗鉴派门生从京口赶到建康，前去拜访丞相王导，想在王家子侄中挑个佳婿。王导

晋陵文字砖
唐宋罗城西垣段出土，镇江博物馆藏

对门生说："君往东厢，任意选之。"门生完成使命返回京口后，告诉郗鉴："王家诸郎亦皆可嘉，闻来觅婿，咸自矜持，唯有一郎在东床上坦腹卧，如不闻。"郗鉴听了大喜："正此好！"一打听，此人乃王导之侄王羲之。成语"东床快婿"即典出于此。

王羲之坦腹东床的洒脱，令人心仪；不过独具慧眼的郗鉴，更令人称道。这桩婚姻一直为后人津津乐道。后来郗鉴之子郗昙的女儿郗道茂，又嫁与王羲之之子王献之，郗氏与王氏可谓亲上加亲。

明末清初大儒王夫之在《读通鉴论》中说："东晋之臣，可胜大臣之任者，其为郗公乎！"对郗鉴给予了极高的评价。从镇守京口前后十余年的事迹来看，郗鉴得到这样的评价，当之无愧。

咸康五年（339 年）八月，郗鉴卒，年 71 岁。据《晋书

·郗鉴传》记载，病逝前，郗鉴已进位太尉。他上疏逊位，"以府事付长史刘遐，乞骸骨归丘园"。同时，郗鉴奏请以蔡谟代替自己，镇守京口。闻知郗鉴去世的消息，"帝朝晡哭于朝堂"，其哀甚切。

郗鉴虽然去世了，但郗氏在京口的根基，已较稳固。后来，郗鉴之子郗昙和郗愔，均被任为徐州刺史，镇守京口。

东晋年间，丹徒县隶属扬州晋陵郡。太兴初年，晋陵郡治于京口，丹徒县治亦从丹徒移治京口。郗鉴镇守京口后，丹徒县治复徙于丹徒。故《光绪丹徒县志摭余·建置沿革》云："吴晋以来，合丹徒于京口者，止此而已。"

在东晋历史上，丹徒县西乡京口里上演了一幕幕惊心动魄的故事。国丈褚裒率大军从京口出发，北伐后赵，结果遭遇大败。退师京口后，褚裒忧愤而卒。谢玄以京口为"大本营"，打造北府兵。淝水之战中，北府兵大败前秦，声名大振。国舅王恭二度从京口起兵，反对会稽王司马道子专权，未料却因部将刘牢之投敌，兵败身亡。刘牢之掌领北府兵后，误投桓玄，亦落得横死的下场。值得注意的是，在东晋历史上，镇守京口的历任徐州刺史几乎都是朝廷的亲信重臣，大多是皇亲国戚。京口所处的重要地位，不言而喻。

"改创"晋陵罗城的王恭，有必要说一说。王恭，字孝伯，晋阳（今山西太原）人，系王皇后之兄、国丈王蕴之子。据《晋书·王恭传》记载，王恭"少有美誉，清操过人，自负才地高华，恒有宰辅之望"。孝武帝对他十分倚重。

镇守京口期间，王恭对城池多有修缮，并在城垣之上建起两座城楼，西南的名为万岁楼，西北的名为芙蓉楼。《嘉定丹徒县志·桥梁》云："晋王恭作万岁楼于城上，其下有桥，故以千秋名。"可见万岁楼下即是千秋桥。前人题咏万岁楼之作甚多，唐代诗人孟浩然、刘长卿等，都留下了传世名篇。芙蓉楼更是因为王昌龄的《芙蓉楼送辛渐》而闻名遐迩。清周镐《京江二十四景》册页绘有"蓉楼话雨"。可惜历经岁月沧桑，这两座名楼已不复存在。今天位于金山公园内的芙蓉楼，系新中国成立后复建而成。

蓉楼话雨
选自清代画家周镐《京江二十四景》图册，镇江博物馆藏

京口城曾见证过无数的刀光剑影。咸安二年（372）六月，曾任徐、兖二州刺史的国戚庾希为避权臣桓温缉捕，集合部众，抢掠长江北岸的船只，趁着夜幕，渡过长江，突袭京口。占据京口城之后，庾希将城内的数百名囚徒全部释放，分发武器；部将则在京口城外设置堡垒。桓温随即派兵，赴京口平叛。

面对声势浩大的朝廷大军，庾希组织的"临时军"明显战斗力不行，虽然力战，但很快败北。无奈之下，庾希高悬"免战牌"，闭城不出。见京口城久攻不下，桓温又派东海太守周少孙前往讨伐。七月一日，京口城终于被攻陷。庾希、庾邈及子侄五人，被押送至建康，桓温下令将他们处斩。

隆安二年（398），王恭讨伐会稽王司马道子，拜刘牢之为义兄，将精锐部队和装备一起交给他，让他率帐下都督颜延为先锋，进兵竹里（今句容北）。谁知刘牢之暗中已投靠司马道子。到了竹里，他先是杀掉颜延，随后派刘敬宣、高雅之，回师攻打王恭。

此时王恭正在京口城外阅兵示威，毫无防备，被杀得大败。王恭急忙想回城，孰料京口城已被高雅之占领，高雅之命人紧闭城门。无奈之下，王恭骑马逃至曲阿，最终被抓获，送往京师。司马道子命人将王恭斩于建康之倪塘。

第三节　金戈铁马话南朝

晋恭帝登上皇位仅一年多时间，刘裕就导演了一幕"禅让"的好戏。晋恭帝下诏逊位，刘裕在建康南郊设坛，即皇帝位，建立起刘宋王朝，史称宋武帝。随即刘裕大赦天下，改元永初。永初元年即公元420年。

刘裕能够登上帝位，与他牢牢掌握北府兵兵权有着莫大关系。北府军由谢玄组建于东晋太元二年（377）十月。《晋书·刘牢之传》云："太元初，谢玄北镇广陵。时苻坚方盛，玄多募劲勇。牢之与东海何谦、琅邪诸葛侃、乐安高衡、东平刘轨、西河田洛及晋陵孙无终等以骁猛应选。玄以牢之为参军，领精锐为前锋，百战百胜，号为'北府兵'，敌人畏之。"由此可见，"北府兵"是谢玄领兖州刺史，镇守广陵时开始组建的。

"北府兵"之名从何而来呢？胡三省注《资治通鉴》时说："晋人谓京口为北府。"这是最为通行的说法。《世说新语》刘孝标注引《南徐州记》曰："旧徐州都督以东为称，晋氏南迁，徐州刺史王舒加北中郎将，北府之号，自此起也。"王舒以徐州刺史加北中郎将是在东晋初年。由此可见，"北府"之号，始于东晋之初。王舒当时镇守的是广陵，那么"北府"究竟指广陵还是京口呢？

清代史学家钱大昕在《廿二史考异》中说："徐、兖二州都督以北为号，故有北府之称。"深有其理。当时北方沦陷，长期治于京口、广陵的徐、兖二州都是侨州，二州的都督府，即被人们称为"北府"。"北府"并不特指京口或是广陵。

谢玄兼任徐、兖二州刺史之后，长期镇守京口。如此一来，"北府兵"便过江驻扎在京口。除了谢玄，后来担任"北府兵"统帅的王恭、刘牢之等人，同样驻于京口。久而久之，"北府"遂成为京口的别称。

关于"北府兵"的创立，王夫之在《读通鉴论》里这样认为："谢安任桓冲于荆、江，而别使谢玄监江北军事，晋于是而有北府之兵，以重朝权，以图中原，一举而两得矣。"意思是说，"北府兵"的创建，一方面能够拱卫京师，加强皇权；另一方面，在北方胡人南侵时，也能有效地支援荆州，守卫国土。可以说，"北府兵"这支队伍的出现，对改变东晋的军事格局有着深远的意义。

乱世出英雄。刘裕之所以成功篡晋建宋，得益于东晋末年动荡的时局。一方面，刘裕在平定孙恩农民起义的过程中屡屡立功；另一方面，刘裕起兵，一举推翻桓玄建立的桓楚政权，恢复晋室。此外，刘裕成功北伐，谱写了"气吞万里如虎"的壮阔篇章。特别是推翻桓楚政权后，刘裕执掌北府军权，一跃成为可以左右政治格局的炙手可热的风云人物。

刘裕登基之后，追尊父亲刘翘为孝穆皇帝、母亲赵氏为孝穆皇后，尊封继母萧氏为皇太后。刘翘、赵氏合葬于丹徒侯山（今京口区谏壁镇）的陵墓，被称为兴宁陵。萧太后薨逝后，袝葬于此陵。

西晋末年永嘉之乱时，刘裕的曾祖父刘混渡江，侨居晋陵郡丹徒县京口里，官至武原令。刘裕的父亲刘翘任晋陵郡功曹。刘裕的童年就是在京口度过的。

刘裕出身寒门，登上帝位后，依旧"清简寡欲"，这一点实属难得。刘裕尚未发迹之时，常去新洲砍伐芦荻，对民生疾苦深有体味。他有一件补丁衫袄，乃是妻子臧皇后亲手所做。登基后，刘裕将这件衫袄交给长女会稽公主曰："后世若有骄奢不节者，可以此衣示之。"

据《南史·武帝本纪》记载，刘裕命人将在京口躬耕时尚存的耨耜之具保管起来，置于旧宫之内，以警示后人。旧宫被称为"丹徒宫"。

《至顺镇江志·居宅》云："宋武帝旧宅，在寿邱山，即今普照寺。"可见"丹徒宫"位于寿邱山。丹徒宫，陈朝时改建为慈和寺。唐张祜、许浑俱有与慈和寺有关的诗。北宋时改为延庆寺；南宋绍兴间，易名普照寺。陆游由山阴入蜀，途经京口，尝登寿邱山，至普照寺，《入蜀记》里言其形势云："东望京山，连亘抱合，势如缭墙，官寺楼观如画。西阚大江，气象极雄伟也。"此寺绍定辛卯（1231）"门庑大备"，岳飞之孙岳珂为之作记。

宋武帝刘裕之子、宋文帝刘义隆登基后来到京口，见到丹徒宫里陈设的耨耜之具，感到很奇怪，便问身边的人，"左右以实对，文帝色惭"。有近侍对宋文帝说："大舜躬耕历山，伯禹亲事土木，陛下不睹列圣之遗物，何以知稼穑之艰难，何以知先帝之至德乎！"宋文帝听了，很是触动。

宋武帝的这番苦心，子孙们并非都能体味。他的孙子、孝武帝刘骏带着大臣来到旧宫，见"床头有土障，壁上挂葛灯笼、麻绳拂"，很不以为意。侍中袁颉"盛称上俭素之德"，孝武帝并不接话，自言自语地说："田舍公得此，已为过矣。"意思是，一个种田的能用到这些东西，已经有点过分了。刘裕的子孙大多骄奢淫逸之徒，孝武帝刘骏即是其中的代表。他们很难体会祖辈的良苦用心。

刘裕发迹于京口，因此对这一战略要地格外看重。据《资治通鉴》记载，刘裕驾崩前曾有遗诏，"以京口要地，去建康密迩，自非宗室近亲，不得居之"。也就是说，不是刘氏皇族成员，不得镇守京口。纵观刘宋王朝，镇守京口者的确大多是刘氏皇族成员。如宋武帝刘裕执政期间，继其弟刘道怜之后镇守京口的系刘裕第四子刘义康。宋文帝之字刘诞、刘濬也先后出镇过京口。刘裕共有七子，除先后登基的刘义符、刘义隆及被任为扬州刺史的刘义真外，其余四子刘义恭、刘义康、刘义季、刘义宣均曾镇守过京口。

南朝诸多帝王均与京口有着千丝万缕的联系。天监四年（505），梁武帝萧衍亲自主持，在金山泽心寺举办水陆法会。可谓盛况空前。水陆法会又被称为水陆道场，是中国佛教经忏法事中最隆重的一种。自此之后，水陆法会成为佛教界颇为隆重的经忏法事。大同十年（544）三月二十五日，梁武帝驾幸北固山，更山名为"北顾"。北固山"天下第一江山"石刻，

梁武帝像

相传原系梁武帝御笔。现存的六个大字，乃南宋著名书家吴琚重写，刻石而成。

陈武帝陈霸先登基前，一度镇守京口，成为拱卫京师最重要的军事力量。承圣四年（555）五月，北方的北齐政权突然将被俘的贞阳侯萧渊明送回建康，要求骠骑大将军王僧辩立他为帝。萧渊明系梁武帝之侄，当年出兵北伐时被俘。北齐此举是想通过拥立傀儡皇帝，进而控制南朝。王僧辩原本不同意，但北齐以武力相威胁，为形势所迫，王僧辩改立萧渊明为帝，改元天成。陈霸先由此发动兵变，由京口发兵，直捣建康。一举除掉王僧辩父子后，陈霸先令萧渊明逊位，小皇帝萧方智重新登基。太平二年（557），萧方智禅位陈霸先，梁朝就此灭亡，陈霸先建立陈朝。

京口肇兴于东吴，历东晋、宋、齐、梁、陈五朝，一跃而为江南重镇。诚可谓"六朝风流数京口"。

第二章　唐宋重镇

隋开皇九年（589），丹徒县并置为延陵县，治所移京口。此后历经唐、宋、元、明、清，丹徒县与润州（今江苏镇江）一直州（府）县同城。京口地势险峻，又处于南北要衢，江河交汇之处，故历来为兵家必争之地。

南宋陈亮《戊申再上孝宗皇帝书》云："京口连冈三面，而大江横陈；江傍极目千里，其势大略如虎之出穴，而非若穴之藏虎也。"汪藻《镇江府月观记》称京口"千嶂所环，中横巨浸，风涛日夜，驾百川而东之，其形势之雄，实足以控制南北"。从隋唐直至晚清，发生在京口的大大小小的战争，不可胜数。同时得益于黄金十字水道的得天独厚的交通优势，京口的手工业、商业及科技文化等日趋发达，谱写了辉煌璀璨的古代文明。

第一节　京口建置镇海军

润州之名起于隋朝，唐初复置。"润州"地名的来历，源自丹徒县东二里的东浦。"东浦"亦称"润浦"，系一处通江水道，今已湮没。润州治于丹徒县，治所则在京口。唐德宗年间，于此设镇海军，战略地位可见一斑。

唐时，润州城规模较前代有所扩大。依据史志记载，唐时润州刺史王璠筑东西夹城，周宝筑罗城；南唐时，润州刺史林仁肇对子城加以重修。

唐文宗大和六年（832）八月，王璠被任为浙西观察使、润州刺史，出镇京口。王璠，字鲁玉，元和五年（810）擢进士第，登宏词科。在政治上，王璠是个投机分子，当时他靠攀结权相李逢吉得以平步青云。后来因气焰嚣张，得罪了朝臣而被外放。

王璠出镇京口，碰上一桩怪事。据《旧唐书》记载，王璠在修缮城壕时，役人掘得一方石，上有十二个字，乃是"山有石，石有玉，玉有瑕，瑕即休"。王璠不解其意，于是便找人参详。有老者对他说："这并非吉兆。尚书祖名鉴，鉴生礎，是山有石也。礎生尚书，是石有玉也。尚书之子名遐休，休，绝也。"王璠曾任尚书右丞，故老者称其为尚书。

王璠在京口仅仅待了两年时间，即在大和八年（834）被召还京师，不久迁户部尚书，判度支。王璠此番为什么被召回京师呢？这就要从大和四年（830）王璠出任京兆尹说起了。

唐文宗登基时，宦官权势威赫，唐文宗即是被大宦官王守澄所立。唐文宗不甘心受制于家奴，便找到大臣宋申锡，共商诛除宦官之计。宋申锡虽忠心为君，怎奈误用小人，竟然推荐时为吏部侍郎的王璠任京兆尹。据《资治通鉴》记载，唐文宗向宋申锡下达了诛除王守澄心腹郑注的密诏，宋申锡于是派王璠去逮捕郑注。王璠为了结交王守澄，将此密诏泄露给了他。郑注因此得以逃脱，心里很是感激王璠。时过两年，郑注及其党李训均得宠于唐文宗。两人遂一起向唐文宗推荐王璠。王璠这才得以从润州被召回京师。

郑注、李训通过王守澄而走上政治舞台，可一旦得宠于唐文宗，却和唐文宗商议起诛灭宦官的大事来。他们设计诛杀了王守澄等大宦官，继而又和唐文宗密谋，计划发动一起更大规模的行动。大和九年（835）十一月二十一日，唐文宗让大宦官仇士良率领众阉竖前往左金吾后院察看甘露，实际上李训已在此设有伏兵，打算来个一网打尽。不想此事被仇士良识破，宦官未除，郑注、李训及其党均被杀。史称"甘露之变"。

王璠也参与了此事，事后和其子王逷休一起被杀，并被灭族，正应验了在京口修城时那一方石上所镌的十二个字。以常理推测，王璠与此石的故事，乃是后人附会杜撰出来的，可信度不高。不过既然被记入正史，也就姑妄听之吧。

唐代润州自内向外设有三重城——子城、夹城及罗城。王璠所修筑的乃是东西夹城，"共长十二里有奇"。夹城指的是在城门外所筑之壁垒，起防御城门的作用。20世纪90年代末，王璠所筑东西夹城被考古发现，出土"砌城""南郭门"等文字砖。

黄巢起义爆发，敲响了唐朝的丧钟。乾符六年（879）十月，为了加强浙西战备，唐僖宗调周宝充任镇海军节度使，驻守京口。

周宝，平州卢龙（今河北卢龙）人，系神策军首领，通过击毬而发迹。神策军为保卫京师的禁军。周宝进入神策军的时候，皇帝是以"会昌灭佛"而广为人知的唐武宗。唐武宗也很喜欢击毬，周宝"自请以毬见"，竟然被唐武宗擢升为金吾将军。后来在一次击毬时，周宝被踢瞎了一只眼睛。或许出于补偿，唐武宗将他升为检校工部尚书、泾原节度使。周宝这才步入高级官吏的行列。

据《新唐书·周宝传》记载，黄巢义军攻陷长安后，周宝在京口招募精兵，称为"后楼兵"，为北上勤王作准备。这支精兵由周宝的儿子周玙统领。周玙驭军无方，导致"部伍横肆"。而周宝则沉湎声色，不问政事。

中和四年（884）六月，黄巢兵败狼虎谷。这场轰轰烈烈的农民起义宣告结束。光启三年（887）初，京口却突然发生兵变，周宝被叛变的兵士从京口城中赶了出去。

这场兵变是如何引发的呢？事情缘于周宝招募的那支"后楼兵"。据《资治通鉴》记载，"后楼兵"共一千人，其实是周宝的随身护卫军，供给的粮饷是镇海军将士的几倍，"镇海军皆怨，而后楼兵浸骄不可制"。他还征发民夫，修筑长达二十多里的罗城，并建造府第"东第"，百姓苦不堪言。

周宝所筑罗城，共有十门。据南宋《嘉定镇江志》记载，东二门，北曰新开，南曰青阳；南三门，东曰德化，正南曰仁和，西曰鹤林；西二门，南曰奉天，北曰朝京；北三门，西曰来远，东曰利涉，次东曰定波。

所谓罗城，指的是城郭的外城。在近年来的城市考古中，唐时所筑朝京门、定波门遗迹被发现。特别是位于老北门的定波门遗迹显示，唐时的定波门一直沿用至清代。周宝所筑罗城，在京口城建史上占有特别重要的地位。

接下来继续说说发生在京口的这场兵变。三月十八日，周宝和僚属在后楼饮宴，有人说镇海军对后楼兵颇有怨气，周宝闻言，随口说道："乱则杀之！"度支催勘使薛朗将这话告诉了自己的好友、镇海军将领刘浩，让他和手下士卒加强警惕。刘浩认为，只有造反才能免于一死。

当晚，周宝喝得大醉。他刚刚入睡，刘浩率领手下士卒发动兵变，攻打周宝府第，并纵火焚烧。周宝惊醒后，只闻"外兵格斗，火照城中"。慌乱间他赤着脚去敲芙蓉门，试图招来后楼兵平叛。没想到平时被骄纵惯了的后楼兵也已加入叛军队伍中去。呼天不应，叫地不灵，周宝只得领着全家人，徒步跑出青阳门。临走时，周宝丢下一句话："为吾用则吾兵，否则寇也。六州皆我镇，何往不适？"赶走周宝之后，刘浩尽杀周宝属僚佐官崔绾、陆锷、田倍等人，十九日迎接薛朗进入节度使府第，推举他做留后，也就是代理镇海军节度使。周宝兼任天下租庸副使数年，城内"货财山积"，至此全部落入乱兵之手。

出城后，周宝一路逃往常州，投靠驻扎在那里的部属丁从实。杭州刺史钱镠遣大将杜棱、阮结等，一方面前往京口讨伐薛朗，平定叛军；一方面前往常州讨伐丁从实，迎回周宝。杜棱率军攻打常州，丁从实逃到海陵（今江苏泰州），钱镠以隆重的礼节，将周宝迎归杭州。

周宝到杭州不久即卒。据《资治通鉴》记载，周宝死于光启三年（887）十二月二十七日，享年七十四岁。在他死后第二天，阮结攻占京口。刘浩逃走，薛朗被擒获，"剖其心祭宝"。

这场兵变，因镇海军将士素来对后楼兵不满而最终引发。镇海军初设于唐德宗建中二年（781），镇海军的设置，在当时来说意义非常重大。

唐朝从建立以来，江东一带军事力量相较北方一直偏弱。虽说唐肃宗乾元年间在润州、升州、苏州等地设立丹阳军、江宁军、长洲军等"五军"，但军力分散，战斗力不强。唐德宗意欲削弱两河藩镇力量，需要维持江东一带的稳定，以便能为朝廷提供充足的财税保障；设置镇海军，对稳定江东至关重要，而且一旦发生意外变故，镇海军统领也能够北上勤王。

建中二年（781）六月，唐德宗对江东地区作出人事调整，苏州刺史韩滉被授检校礼部尚书、润州刺史，同时出任镇海军节度使、浙江东西道观察使等职，镇守京口。

韩滉像

韩滉，字太冲，京兆长安（今陕西西安）人，乃是唐玄宗朝名相韩休的儿子。韩滉顺利步入官场，得益于门荫制度。据《新唐书·韩滉传》记载，唐德宗对韩滉的印象并不太好，登基后"恶滉掊刻"。"掊刻"也就是苛敛民财的意思。不过，韩滉曾以户部侍郎的身份"判度支"，即掌管天下财赋，并显露出非凡才能。这次韩滉能出任镇海军节度使、浙江东西道观察使，与其"判度支"的经历有关。

韩滉出镇京口的表现，没有令唐德宗失望。据《旧唐书·韩滉传》记载，韩滉"滉既移镇，安辑百姓，均其租税，未及逾年，境内称理"。唐德宗谋臣李泌对韩滉如此评价："镇江东十五州，盗贼不起，皆滉之力也。"

唐德宗削弱藩镇力量，最终招致兵变。建中四年（783）十月，泾原兵占据长安，拥立朱泚为帝。史称"泾师之变"。唐德宗出奔奉天（今陕西乾县）。

据《奉天录》记载，"泾师之变"发生后，韩滉"闭关梁，筑石头五城，自京口距玉山，禁驴马出境"。他还派遣三十艘战舰、五千名兵士，"自海门扬威武，至于申浦而还"。此外，韩滉拆毁上元县的四十六座佛寺观宇，"造坞壁，自建业抵京岘，楼雉不绝"。同时，"穿大井，深数十丈，下与京江平，凡数百处"。淮南节度使陈少游率领三千兵士于长江边阅兵，韩滉也率领三千兵士登上金山，与江北声气相和，以壮军威。

当时北方战局很是复杂，韩滉并没有作壁上观，而是调遣镇海军，镇徐州，平淮西，安淮南，对稳定东南一带的局势厥功至伟。战乱纷起，关中缺粮，将士粮饷难以为继。韩滉"于浙江东西市米六百万石"，用船装载北上，一时间，"淮汴之间，楼船万计。中原百万之师馈粮不竭者，韩公之力焉"。

"泾师之变"最终以朱泚被杀而告终。兴元元年（784）七月，唐德宗返回长安。经历这场战乱，中央不仅威严扫地，而且还面临严重饥荒。据《资治通鉴》记载，韩滉"运江、淮粟帛入贡府，无虚月"。在他的影响下，淮南节度使陈少游也向朝廷贡米二十万斛。于是唐德宗加韩滉江淮转运使，不久进封郑国公。

贞元二年（786）春，关中饥荒进一步加剧，军粮难以为继，眼看兵士又要生变。此时，韩滉从京口运来三万斛大米。唐德宗听到这个消息，开心地对太子说："米已至陕，吾父子得生矣！"

贞元二年（786）秋，韩滉自浙西入朝，遥领镇海军节度使。所谓遥领，就是只担职名而不亲往任职。以宰相的身份遥领节度使，这在唐朝历史上很是少见。而此时的韩滉更是身兼度支使、盐铁转运使这两大职务，可以说集相权、财权、将权于一身，权倾朝野。贞元三年（787）二月，韩滉病逝长安，享年六十五岁。

旧时长江入海口距离焦山较近，焦山附近江面被称为"海门"，这才有了"镇海军节度使"这样的军事建制。后来随着长江主航道变迁，长江入海口迁移至焦山百里之外。据《宋会要辑稿·方域》记载，北宋开宝八年（975）诏曰："镇海之号，丹徒旧军，自浙西之未平，命余杭而移置，爰兹克复，方被化条，宜别赐于军名，用永光于戎阃。其润州旧号镇海军，宜改为镇江军。"此乃镇江军得名之始，镇海军由此退出历史舞台。

南唐政权传到后主李煜手里时，北方经过陈桥兵变，赵匡胤已建立起人宋政权。赵匡胤就是历史上赫赫有名的宋太祖。尽管李煜去除了南唐国号，改称江南国主，并且对赵匡胤恭敬有加，可是在一连消灭几个割据政权之后，赵匡胤怎么可能放过偏居江南一隅的李煜呢？北宋开宝七年（974），宋太祖派大将曹彬领兵，一举灭掉南唐。

南唐失国，与大将林仁肇被杀有一定关系。林仁肇身材魁梧，生性刚毅，武艺高强，乃是南唐名将，深为宋太祖赵匡胤忌惮。开宝五年（972），李煜误中宋太祖反间计，将林仁肇杀害。

据《嘉定镇江志》记载，后周显德五年（958），林仁肇为浙西润州节度使。林仁肇在润州为官长达六年，颇有政绩。其在京口的宅院，"在今之朱方门外一里"，入宋后为苏颂居第。苏颂"以仁肇忠勇，乃为立庙于宅之东侧"。

任润州节度使期间，林仁肇曾对子城加以重修，并刻有《修子城石记》。子城即俗称的内城。唐时子城位于北固山南峰，系利用六朝时铁瓮城旧址，予以改造、修缮而成。唐时润州子城未见史志记载，林仁肇当在唐子城基础上加以修缮。

从子城到夹城，再到罗城，这是一个城市不断扩大的过程。以铁瓮城旧址为基础的子城格局狭小，已不适应城市发展，必须走"扩张"之路。

第二节　名士云集数风流

北宋年间，京口名士云集，堪称盛事：

沈括筑室梦溪，晚年定居"梦溪园"，传世巨著《梦溪笔谈》即完成于这一时期。

苏轼一生先后十余次到过京口，与金山寺佛印禅师交谊深厚，留下"东坡玉带"等诸多佳话。

京口的山山水水，更是滋养了米芾的创作灵感，其开创的"米氏云烟"技法，对后世影响深远。

沈括像

曾布、曾肇兄弟晚年聚首京口，享受难得的桑榆晚景，两人相继离世，时间仅相隔一天。

据《京口耆旧传》载，北宋京口名士尚有陈汝奭、葛良嗣、焦千之、虞申、俞康直、王汉之、许旸、孙苾等人。

今梦溪广场一带，当时遍布藏春坞、梦溪园等名园名宅。藏春坞乃是刁约所建别墅。清周镐所绘《京江二十四景》有"刁坞藏春"一幅，描绘的便是藏春坞之景。

刁坞藏春
选自清代画家周镐《京江二十四景》图册，镇江博物馆藏

刁约，字景纯，世居京口，天圣八年（1030）进士及第，乃北宋名臣。朝中很多官员，如范仲淹、欧阳修、司马光、苏轼、王安石等人，都和刁约私交甚笃。五代时期，刁约的曾祖父刁彦能"从徐知谏于润州，乐其风土"。到了南唐，刁彦能为昭武军节度使，"赐田京口，遂家焉"。这是刁氏落籍京口的原因。

久历官场沉浮，刁约晚年告老还乡，营建藏春坞，以娱桑榆之景。《京口耆旧传》云：

约家世簪缨，故所居颇有园池之胜。至约，更葺园，曰"藏春坞"。坞西，临流为屋，曰"逸老堂"。又西有山阜，植松其上，曰"万松冈"。凡当世名能文者，皆有诗，故"藏春坞"之名闻天下。

藏春坞在范公桥以东。刁约有七绝《怀南徐所居》，形象地道出了藏春坞的景致。诗云："城南已葺藏春坞，溪侧方营逸老堂。岭上万松山径合，江中千稻一丘黄。"在藏春坞里，刁约与文士多有来往。王安石、苏轼等名士均曾留有诗章。苏轼《刁同年草堂》有句："不用长竿矫绣衣，南园北第两参差。青山有约长当户，流水无情自入池。"到了南宋淳熙年间，刁约故宅已荒废。

陈升之宅位于朱方门外，范公桥之南。《舆地纪胜》云："秀公亭，在朱方门外，故相国陈升之之别墅也。"据《嘉定镇江志》，南宋时宅院"为后军寨，并酒海酒库"。可见其故宅位于今京口区酒海街内。

陈升之，字旸叔，建州建阳（今福建建阳）人，景祐元年（1034）进士及第，历知封州、汉阳军，后官监察御史。王安石主持新法，为了寻求支持者，举荐陈升之出任宰相。陈升之起初极力支持王安石变法，后来两人在一些问题上产生分歧。熙宁三年（1070），眼见新法遭到很多大臣反对，陈升之遂托病归卧百余日。宋神宗几次敦促劝谕，他才回到朝廷。此时适遇母丧，陈升之去相，回京口守丧。《方舆胜览》云，陈升之"后居于润，神宗朝拜相"，可见陈升之此前已将家徙至京口。

熙宁七年（1074）底，陈升之复返朝廷，任枢密使。不久，他因病解职，以同平章事衔出任镇江军节度使、扬州通判，封秀国公。陈升之职管江南的润州和江北的扬州，治所虽在扬州，可因先人墓地位于润州，陈升之遂请于朝，每岁寒食、十月旦，乞至郡展省。朝廷同意了他的请求。

陈升之好排场，慕繁华，从沈括《梦溪笔谈》里的一则记载也能看出："丞相陈秀公治第于润州，极为闳壮，池馆绵亘数百步。宅成，公已疾甚，惟肩舆一登西楼而已。"陈升之修建的园池楼馆，绵延一两百丈，规模之大令人咋舌。宅第建成后，陈升之病势加重，只能让人用轿子抬着登了一回西楼。当时人们戏称这宅子有"三不得"：居不得，修不得，卖不得。

苏颂在京口的居所位于刁约"藏春坞"之南。苏颂，字子容，原籍福建路泉同安县（今属福建厦门同安区），官至宰相。苏颂后来举家迁往京口，与他青年时期将父亲葬于丹徒有关。苏颂为官清廉，积蓄无多。营建居所，多得刁约之助。苏颂曾记其事，云：

予营此居有年矣，初惟得一山麓，地甚窄。刁景纯学士割柳南数亩相助，其后又买十余契，方稍完。考其旧址，皆南唐林太师仁肇故园宅。

相比于刁约"藏春坞"之盛，苏颂居所很是寒简，可苏颂却处之泰然。他在《大夫七弟有庆新居二百四十言次韵和之》诗中写道："勿谓衡茅陋，门墙亦仅全……谁知真趣在，平地即神仙。"

沈括，字存中，北宋钱塘（今浙江杭州）人，世居杭州西溪，乃北宋著名政治家、科学家。众所周知，沈括晚年定居京口，潜心在梦溪园著书，写成皇皇巨著《梦溪笔谈》。

沈括晚年缘何定居京口？其间颇有原委。沈括《长兴集·自志》自叙其事云：

翁年三十许时，尝梦至一处，登小山，花木如覆锦。山之下有水，澄澈极目，而乔木翳其上。梦中乐之，将谋居焉。自尔岁一再或三四梦至其处，习之如平生之游。后十余年，翁谪守宣城。有道人无外谓京口山川之胜，邑之人有圃求售者。及翁以钱三十缗得之，然未知圃之何在。又后六年，翁坐边议谪废，乃庐于浔阳之熨斗洞，为庐山之游以终身焉。元祐元年，道京口，登道人所置之圃，恍然乃梦中所游之地。翁叹曰："吾缘在是矣！"于是弃浔阳之居，筑室于京口之陲。

　　沈括谪守宣城，时在熙宁十年（1077）。在道人无外的推荐下，沈括以钱三十缗，买下位于京口的这块田地。元丰八年（1085），因永乐城之败而遭贬官的沈括前往秀州（今浙江嘉兴）。途经江州（今江西九江）时，他见庐山风景秀丽，打算晚年定居于此。

　　前往秀州，京口乃是必经之路。来到京口，沈括顺便至朱方门外，瞧瞧多年前购买的那块田地。未料此处"恍然乃梦中所游之地"。于是沈括改变原先打算定居庐山的念头，决定晚年定居京口。

　　沈括在这块田地上建造的宅院，即是声名颇著的梦溪园。《至顺镇江志·古迹》云："梦溪园，在朱方门外子城下，宋内翰沈括所居。泉曰梦溪，堆曰百花，轩曰壳，斋曰深，阁曰花堆。堂二，曰岸老，曰萧萧。亭二，曰远，曰苍峡。又有竹坞、杏觜，皆行乐之所也。"

　　梦溪园"巨木翁然，水出峡中，渟潆杳缭"，风景十分秀美。元祐四年（1089），沈括正式定居于此，时年五十八岁。沈括优游于林泉之间，泛舟于梦溪之上，"目之所寓者，琴、棋、禅、墨、丹、茶、吟、谈、酒，谓之'九客'"。

　　清周镐《京江二十四景》册页绘有"梦溪秋泛"。清嘉道年间，梦溪尚存，梦溪园昔日之景致，透过此图，尚可管窥一二。沈括身后，"子孙犹家京口，而梦溪他属久矣"，"后半为前军寨，半属他姓"。南宋嘉定年间，镇江知府赵善湘"因其废，勉内翰子孙复之"，为"开浚荷池，展拓基址，立内翰祠于池之中"。内翰指沈括。沈括曾入翰苑，唐宋时称翰林为内翰。未几，此园被伍姓占据，祠宇遂废，后伍姓"后嗣不继，鬻之北人宪使李节之家"，元时转属真州都督严泰壹。

梦溪秋泛
选自清代画家周镐《京江二十四景》图册，镇江博物馆藏

南宋时，京口城内大量屯兵。《至顺镇江志》云："宋南渡后，视京口为重地，故诸军多驻于此。"如此一来，"先时公卿甲第与夫名胜之迹，率为营寨所占，穿凿殆遍"。刁约藏春坞、沈括梦溪园均废为前军寨，陈升之宅废为后军寨。

第三节　士民南渡避兵燹

宋徽宗政和三年（1113）春，润州升为镇江府。镇江府以丹徒县为首县，府治、县治皆在京口。

润州能够由州升府，与润州知州林虚有很大关系。政和三年（1113）五月，苏州被升为平江府。林虚立即上书宋徽宗，云："陛下以平江、镇江两镇节度使出阁，望依平江府例，改为府额。"

宋徽宗赵佶系宋哲宗赵煦的弟弟。绍圣三年（1096），十四岁的赵佶被宋哲宗封为端王，任平江、镇江军节度使。接到林虚的奏章后，宋徽宗八月下诏，将润州升为镇江府。宋时府、州虽然同级，但府的地位要高于州。作为地名，镇江自此正式登上历史舞台。北宋宣和年间，林虚曾两度出任镇江知府。

靖康元年（1126）闰十一月，金兵攻至开封，宋徽宗、宋钦宗双双沦为阶下囚。靖康二年（1127）三四月间，徽、钦二帝连同后妃、宫女、宗室、贵戚等共一万四千多人，被金兵掳往北国，史称"靖康之变"。北宋宣告灭亡。

两宋之交，随着北方大片土地沦陷金人之手，江南迎来继"永嘉南渡"后的第二次人口迁徙热潮，全国经济重心从黄河流域转移到长江流域，京口经济得到进一步繁荣发展。

在这股人口南迁热潮中，地处南北冲要的京口，迎来众多移民。据史料记载，宋仁宗之女秦鲁国大长公主曾携家人从开封府避祸到京口。其时京口正遭遇"张遇之乱"，张遇率叛军攻陷镇江府，镇江知府钱伯言弃城而去。在这场战乱里，秦鲁国大长公主次子钱愕为贼兵所杀，家人亦被劫掠而去。

宋太祖七世孙赵子禠，亦于此时携族人南迁京口。赵子禠，字志南，乃宋太祖之子燕王赵德昭后裔。渡江后，赵子禠定居京口，后迁至大港，乃大港赵氏始迁之祖。赵子禠被宋高宗敕封为朝散大夫。京口茅氏，原籍河南汴梁，建炎南渡时先祖扈从宋高宗渡江，遂居于京口。及至近代，京口茅氏涌现出茅谦、茅以升等名人。京口曹氏，相传系北宋大将曹彬后人。金兵南下时，曹氏扈从宋室南渡，卜居于城南崇德坊。

南宋末年，蒙古灭金后转攻南宋，兵锋直指江淮，江淮百姓纷纷渡江南奔，京口再一次迎来众多移民。元《至顺镇江志》云："宋端平丙申后，淮士多避地京口。"端平系宋理宗年号，端平丙申为端平三年（1236）。

韩世忠像

战火纷飞，镇江城池多次遭毁。建炎三年（1129）秋，金人南下攻宋之时，为防御需要，守将韩世忠曾焚毁城郭。

当时金人兵分多路南下，其中负责江南战场的是完颜宗弼。完颜宗弼乃金太祖完颜阿骨打第四子，系金国名将，宋人习称"金兀术"。金兵压境，驻守圌山的韩世忠出人意料地作了个决定，他将军需物资全部装上大船，然后焚毁镇江城郭，引兵转移至江阴。韩世忠为何会有如此举动？《建炎以来系年要录》称他"知虏不能久，大治战舰，俟其归而击之"。

建炎四年（1130）正月，金兵将江南一带洗劫一空后，有引军北还之意。韩世忠准备好战舰，发往镇江府，断敌归路，拼死一战。完颜宗弼领金兵且战且退，最终被韩世忠大军困于黄天荡内，几成瓮中之鳖。通过疏通河道，金兵才侥幸得以逃出黄天荡。经此一役，以完颜宗弼为代表的金国主战派不再幻想一举灭亡南宋，南宋小朝廷终于在江南站稳了脚跟。

据史志记载，嘉定七年（1214），镇江知府史弥坚曾修缮罗城。史弥坚，字固叔，号玉林、沧洲，鄞县（今浙江宁波）人，系权相史弥远的双胞胎弟弟。与哥哥不同，史弥坚对权势很是淡薄。史弥远掌权之后，为了避嫌，史弥坚请求将自己外放。他先是被任为湖南安抚使，后来因在任上平定匪乱有功，被任为镇江知府。

史弥坚像

南宋时，唐代罗城已是年久失修。史弥坚重新修固罗城，"以州城私路甚多，难以关防，除诸军寨门外"，新开七座城门，并将北城墙延伸至北固山后峰之巅。据《嘉定镇江志》记载，这七座城门分别是通津、甘露、跨鳌、东山、虎蹲、放鹤、马巷。史弥坚所修城垣，大都因循唐代罗城旧址。"凡旧城之圮者，墙而塞之，因军民之便，相地势之宜作新门于所必由之涂"。除新开七门外，诸军寨共有十一门，加上唐代罗城旧有的八门，"凡门有二十六"。史弥坚亲撰《重修土城记》，备述修筑罗城始末。

旧时登云、通吴、鹤林、还京这四座城门有楼，其中登云门城楼，系嘉定十六年（1223）镇江知府赵善湘创制。赵善湘，字清臣，庆元二年（1196）举进士，嘉定十四年（1221）知镇江府。咸淳元年（1265）七月二十一日夜半，登云门城楼"为风所摧"。后镇江知府赵与可重建。

子城有门四，东曰望春（后改名东海），南曰鼓角，西为钦贤，北门名未详。钦贤门有二石狮，邑人遂称呼为"狮子门"。赵善湘任镇江知府时，钦贤门"庳隘玩弛，循袭不治"。赵善湘于是"补筑旧城，甓以固之。上创谯门，下严关钥，晨昏启闭，与昔大异"。北门同样岁久不修，颓垣毁堞，漫无防禁。赵善湘"板筑而甓之，设门施钥。又于其上创飞桥以通万象亭、闻风阁，往来殊得其便"。

宋时东西夹城各有门二。东夹城二门，南曰建德，后改名朱方；西曰清风。西夹城二门，东曰千秋，后改名铁瓮；西曰崇化，后改名高桥。元至顺年间，子城、夹城诸门皆废，唯鼓角门、钦贤门尚存故址。

第三章　明清府城

　　明清两代，江南乃是人文渊薮之地，涌现出许多杰出人才。如享誉画坛的"京江画派"，即形成于这一时期，出现蔡嘉、蒋璋、张琪、黄鹤、潘恭寿、张崟、周镐等一批重要画家。清初的京口诗坛盛极一时，以"京口三子"为代表的一批诗人吟风啸月，唱酬山水；后来又出现"京江前七子""京江中七子""京江后七子"等文人团体。

　　元明易代及明清易代，建于京口的镇江府城都不同程度地遭到破坏，明初及清初对府城予以修缮，自是在所难免。较之唐宋府城，明清府城规模较小。府城北垣、南垣横跨唐宋穿城运河，在此两处设北水关、南水关，二水关之间便形成了关河。

　　值得一提的是，明代饱受倭寇之患，为了加强城池守备，镇江府守将掘断北固山龙埂，遂使北固山中峰、后峰，与位于城墙内的前峰隔断。

第一节　关河悠悠话古今

元朝民族矛盾十分尖锐。到了中后期，元政府的统治实际已处处暗流涌动。特别是至正年间，全国各地爆发了大规模农民起义，元朝江山已是岌岌可危。

规模最大的农民起义军是郭子兴领导的红巾军，此外还有张士诚义军、徐寿辉义军等。正是依靠这些声势浩大的农民起义军，朱元璋得以闪亮登场。

朱元璋幼时家境极其贫寒。据明徐祯卿《剪胜野闻》引朱元璋《朱氏世德碑》碑文，朱元璋祖上几代都在句容务农，家住朱家巷，地属通德乡。朱元璋自幼多病，被父母舍入皇觉寺。天下大乱后，朱元璋加入郭子兴领导的红巾军，因英勇善战，深得郭子兴喜爱，郭子兴将养女马氏嫁给他。郭子兴病逝后，朱元璋实际上成为这支军队的主帅。

至正十六年（1356）春，朱元璋率军攻占集庆（今江苏南京），改名应天府。攻占集庆后，朱元璋考虑周边有张士诚、徐寿辉等义军，担心"江左、浙右诸郡为所并"，急于攻占镇江，作为应天府的军事壁垒。

朱元璋命令大将徐达率诸将沿江东下，进取镇江。临行前，他一再对众将士说："吾自起兵，未尝妄杀。今尔等当体吾心。戒戢士卒，城下之日，毋焚掠杀戮。有犯令者，处以军法，纵者罚毋赦。"众将领命而去。

徐达率大军于三月十六日攻打镇江。当时驻守镇江的元军包括两支力量，一支是由杨完者率领的苗军，另一支是由守将段武、平章定定统领的地方驻军，平章是元代的地方高级长官。

出人意料的是，面对徐达率领的大军，素以能征惯战著称的杨完者竟然弃城而逃。段武、定定率元军与徐达大军展开激战。鹤林门外，徐达麾下大将吴复将定定斩于阵前，段武亦死于乱军之中。第二天，徐达大军即攻占镇江。徐达自仁和门进入镇江城，"号令严肃，城中晏然"。据明俞本《纪事录》记载，徐达入城后，派人埋葬了平章定定，并亲自祭奠。随后，徐达又领军攻克金坛、丹阳诸县，继续扩大战果。朱元璋改镇江府为江淮府，以徐达、汤和为统军元帅，驻守于此。

陆续消灭各地农民义军后，至正二十八年（1368）正月，朱元璋在应天府称帝，国号大明，年号洪武，史称明太祖。八月，明军攻占元大都（今北京），元顺帝率众弃城，逃归蒙古草原。历时近百年的元朝统治，宣告结束。

朱元璋大军南征北战之际，镇江一直由亲信大将驻守。继徐达、汤和之后驻守镇江的，系大将耿再成。据《乾隆镇江府志·名宦》记载，耿再成驻守镇江期间，"浚湟筑城，甃以砖石"。

耿再成，字德甫，泗州五河县（今安徽五河县）人，追随朱元璋南征北战多年。朱元璋听从学士朱升建议，"高筑墙，广积粮，缓称王"。耿再成在宋元旧城基础上，加固镇江府城，执行的正是"高筑墙"的军事方针，大大提高了镇江府城的军事防御能力。

洪武元年（1368），镇江卫指挥宋礼在此基础上加砌砖石，初步形成后来明清镇江府城的规模。

明清镇江府城，诸门城门，东门二重，曰朝阳；南门二重，曰虎踞；西门三重，曰金银；北门二重，曰定波。水关二，曰南水关，曰北水关。

近年在城市考古中，相继发现明清府城遗迹，如明代府城西垣东侧面遗迹、明代府城西垣剖面遗迹、明代府城南垣夯土及包石墙残迹等。特别值得一提的是，1998 年年底在老北门发现了明代定波门瓮城石垣，出土了大量明初筑城时搜罗来的民间石臼。同时发现唐、宋定波门城门及城壕遗迹，城垣上砌有唐代"润州官窑"文字砖，出土宋代石翁仲像、石社神像、俞希鲁《濂溪书院记》残石等文物。

明清镇江府城的规模比唐宋时要小。明初建镇江府城时，府城北垣、南垣横跨唐宋穿城运河，在此两处所设水门，遂被称为北水关、南水关。这两座水门既可调节水位，又能控制船只来往。遇有军事变乱则封关闭城，以资防守。两关之间的河道"计长一千二百二十三丈一尺五寸"，即是后来人们所说的"关河"。江南运河则改由府城外绕城入江，即"复凿社稷坛西隙地，以通壕堑，达于漕河"。其中经小京口入江河段，乃是今天的古运河市区段。

明初以后，唐宋穿城运河不仅被称为关河，实际功能也发生了变化，主要为城内居民提供生活便利，同时亦是城外水道的分流河段。正如《光绪丹徒县志》所记载的，"贯城之内外，民间薪米所需，悉藉此以资转运。当粮艘拥挤之际，则由江达河，重载又得以间道取济"。

关河的具体走向，由南水关入城后，经清风桥、网巾桥、千秋桥、绿水桥、太平桥，出北水关，经登仙桥、栲栳闸、甘露闸，由甘露口入江。关河分别在南水关、北水关与京杭大运河相连。

对城内居民来说，关河为他们的日常生活提供了极大便利。其一，可以满足居民的用水需求。直至近代，镇江市供水事业才逐渐发展起来。古时候没有自来水等用水设施，从关河内取水，成为居民洗衣做饭的主要水源。其二，穿城而过的关河，为居民出行带来了舟楫之利。其三，若是遇上夏季洪涝灾害，关河河道能成为有益的泄洪通道。附近民居不慎起火，从关河内取水扑救，也是最为便捷的灭火方式。

近代城内关河的消失，经历了一段较为漫长的时期。民国初年，镇江古城墙陆续被拆，关河仍然基本保持畅通。1928年，国民党江苏省政府迁治，镇江一跃成为江苏省会。在规划城市建设过程中，决定拆城填河筑路。在中山路、中正路（即今解放路）建造过程中，横跨关河的网巾桥、高桥、范公桥被相继拆除，河身被填，关河由此被分割成数段。当初填河筑路拆桥时，原桥面路基之下敷设有涵洞。故水流虽不畅，河道依然可勉强贯通。这一情状，一直维持到新中国成立之初。

由于填河筑路计划早已是人尽皆知，多年以来，附近居民将生活、建筑垃圾随意倾倒至河岸边，部分河段逐渐被填平，尚存的河段，也淤成一片池塘或是一块洼地，给城市环境造成极大影响。1958年，镇江开展城市清洁卫生运动，通过填埋市内各处空地堆积的建筑垃圾，才基本将关河填平。此时关河河道尚有迹可循。后来填平的河段上建起了越来越多的房屋，关河河身旧迹，就此浑然湮没无踪。

关河虽然消失了，却留下了许多与关河有关的地名，如千秋桥街、网巾桥、高桥北等。有一副流传颇广的对联，值得一说。联曰：

石婆婆磨刀劈竹竿，万家箍桶；
范公公拖板搭浮桥，千秋太平。

上联嵌入的是五条古巷名，即石婆婆巷、磨刀巷、竹竿巷、万家巷、箍桶巷。下联嵌入的是五座古桥名，即范公桥、拖板桥、石浮桥、千秋桥、太平桥，其中范公桥、千秋桥、太平桥横跨关河。

千秋桥
摄于1930年代，随着关河被填，这座桥已不复存在

第二节　为防倭寇掘龙埂

从明朝建立开始，东南沿海一带便饱受倭寇之患。及至嘉靖朝，海防废弛，倭寇之患日炽，沿海诸省大受荼毒。

"倭"，是唐宋以前中国对日本的称呼。倭寇是由哪些人组成的呢？论其来源，很是复杂。既包括日本遗臣、武人、海贾、流氓，也有部分明朝失业之民，附从为寇。倭寇所至之处，烧杀抢掠，无恶不作，百姓深受其苦。

嘉靖三十二年（1553），倭寇之患大面积爆发。除东南沿海各地，倭寇开始窜入苏州、松江等地。

据《康熙丹徒县志·方舆志》，早在嘉靖九年（1530），因"江洋多盗，特设沿江总兵官驻镇江"，以加强沿江驻防。嘉靖三十二年（1553），为防倭寇骚扰，复于圌山一带设把总一员，上自高资，下至安港，百五十里，皆其统辖，"初屯驻金银门外道宗书院，后移郡城内"。万历四年（1576），"把总朱光以巡抚都御史宋仪望荐，统战船四十七艘，官兵八百一十二员，屯大港镇，滨江拓演武场"。万历年间，因为倭警，还曾设游击一员、浙兵三百，驻防于北固山下之教场。足见倭寇之患耗时之久。

从嘉靖三十五年（1556）起，倭寇不断沿长江深入，京口屡受侵扰。为了抵御倭寇，确保城池安全，镇江府守将将城外甘露岭，即北固山龙埂掘断，遂使北固山中峰、后峰，与位于城墙内的前峰隔断。

嘉靖三十五年（1556）二月，"贼分掠常、镇、松江诸郡县"。四月，一股倭寇窜至丹阳，一把火烧掉名园七峰山房。这座江南名园所藏书画，付之一炬。随之倭寇又流窜至吕城，被当地居民击退。另一股倭寇则沿扬子江逆流而上，直袭留都南京。镇江卫将领沈宗玉、王世臣闻此消息，领着兵船，前来追击。他们在金山附近江面，截住倭寇去路。双方一场大战，数十名倭寇被击杀，沈宗玉、王世臣也在这场战争中壮烈牺牲。

明朝军队实行"卫所制"。每卫通常设左、右、中、前、后五个千户所。据《江南经略》卷六记载，当时镇江卫所设左所营在道林寺后，右所营在北水关侧，中所营在万寿宫侧，前所营在表善寺侧，后所营在定波门内，中右所营在金银门内。在这场战争中牺牲的沈宗玉乃镇江卫后所营正千户，王世臣系左所营副千户。

这年五月，倭寇再次来犯，流窜至圌山、山北等港，大肆劫掠。无为州（今安徽无为）同知齐恩奉檄，率舟师迎战。跟随齐恩领兵赴敌的有长子齐尚文、次子齐嵩，叔仲实，弟齐宝、齐荣，侄齐慎、齐寅、友良、大卿，孙齐童等。齐恩在圌山遭遇倭寇，他身先士卒，鼓众而前，斩杀倭寇百余人。倭寇一时大骇，纷纷奔溃。

齐嵩年仅 18 岁，很是骁勇善射。他独身追寇，一直追至不远处的安港。齐恩率领兵卒，一路跟在后面。没想到倭寇在此设有伏兵，齐恩大军一到，伏兵四出，四面合围。齐恩大声对子孙说："一死莫惜，图成功以靖国难！"遂举家杀向敌军。

齐恩和长子齐尚文、家丁钱凤等 20 多人，力战不得脱，俱死于阵中。就义前，齐恩对子侄辈喊道："儿辈勉存宗祀，吾与此贼誓不俱生！"此役过后，齐家满门仅齐嵩、齐慎、齐寅三人得脱，可谓一门忠义。明人郑若曾在《筹海图编》里发出感慨："自有倭患所未有也，人以为克绳祖武云。"齐恩阖门遇难，朝廷上下为之动容。

齐恩是陕西隆德县（今宁夏隆德）人，"悯东南久罹倭患，竭忠图报，练兵衣械，一毫不取于民，长江赖以保障"。为什么倭寇流窜至镇江，却檄召无为州之兵前来剿寇呢？此役过后不久，浙江御史邵惟忠向朝廷建言："瓜仪为留都门户，镇常乃漕运咽喉，不可视为缓图。宜大集客兵，严敕诸臣协心戮力，共靖其乱。"邵惟忠希望在镇江等地多驻守军队，可见这里兵力较为空虚。据《筹海图编》记载，当时镇江卫计有军兵一千一十九名，如此兵力，显然不足以抵御倭寇。加之镇江卫将领沈宗玉、王世臣刚刚被倭寇所杀，军心不稳，应该是此次檄召无为州之兵剿寇的原因。

此役过后，给事中贺泾在奏本中说："留都根本重地，海洋密迩。镇江、京口乃江、淮咽喉，瓜步、仪真又漕运门户。请设总兵驻镇江。"这次朝廷依从了贺泾的建议，于镇江增设总兵，加强军事力量。

倭寇之患，给地方百姓带来深重灾难。直至嘉靖四十四年（1565），困扰嘉靖朝的倭寇之患才基本宣告结束。

万历十一年（1583）夏，镇江知府吴扬谦来到京口赴任，甫入境，环城四顾，叹道："润当南北冲途，襟带江海，天下一日有事，必先诸郡受兵，奈何使城无屏蔽？"于是，吴扬谦"于府后附城筑垣，与城齐，以卫府治"。万历二十一年（1593），吴扬谦又将周围城垣复加高三尺，并"迤北附垣增建虚台"，与北固山相对。所谓"虚台"，即镇江人俗称的"十三门"。

关于"十三门"，《光绪丹徒县志》里有一段记载，引录于此：

十三门外，向壬五，为城最高处，即北固第三峰也。其地势上及城堞，较他处城头高出六丈三尺有奇。其垣依城，另作小城，凸出城外，方围十五丈四尺五寸，中空如月；城直下深五丈，三面有门，甃以石，中五，左右各四，分上下两层，凡门十三，门上甃石，俱露隙瞰外。

崇祯十七年（1644）五月，北方发生大顺军攻破京师、崇祯帝吊死煤山、吴三桂引清军入关等一系列重大事件，明清易鼎已是大势所趋。这年五月十五日，明神宗朱翊钧之孙、福王朱常洵庶长子朱由崧在群臣拥戴下，于留都南京登基，建立南明小朝廷，史称弘光帝。顺治二年（1645）五月，清军南下。在这场清军与南明小朝廷的战争中，京口城垣多有损毁。

顺治二年（1645）五月初七，京口监军杨文骢被升为右佥都御史，巡视苏、松、常、镇、扬五府。郑鸿逵受封靖虏伯，世袭，赐蟒衣金币。很显然，弘光帝意图通过封赏，来激励郑鸿逵、杨文骢浴血抗敌，希图以此守住长江天险。

杨文骢受命巡视五府后，即命驻守京口的黔兵、浙兵，以及郑鸿逵兵士渡江，前往瓜洲，希望能驻守于此，守住长江北岸。谁知兵士刚到瓜洲城下，"见薤发者，遂惊溃"。清军镇守瓜洲的将领名叫张天禄，原本是史可法的部将。扬州城陷后，投降了清军。郑鸿逵大军亦曾和张天禄对阵，并"伤其一目"。不过，面对大举压境的清军，南明将士已是惊弓之鸟，要想守住长江天险，岂是易事？

京口的防御兵力主要包括两方面力量：郑鸿逵、郑彩率领水师，列队江中；杨文骢、黄斌卿兵列南岸。隔着长江，明军和清军"隔江互发，炮声相应"。

清军是如何渡过长江的呢？《明季南略》《小腆纪年附考》等书记载甚详。初八日夜间，清兵从瓜洲民间取来门栏、桌椅等物，置于大筏上，并缚以扫帚，浸油燃火。乘着风势，他们将大筏放入长江，使其顺流而下，火光彻天。南岸明军见了，以为清军渡江而来，忙以炮石击之，并言称大捷。一时间，辕门鼓角震天，京口民众牛酒犒营，群情激昂。这么一折腾，南岸明军炮弹几尽。

谁知清军虚晃一枪，从上游老鹳河（俗称七里港）"轻舟飞渡"。初九日清晨，大雾弥漫。待雾渐渐散去，清军已"蔽江而南"。明军这才发觉，仓皇列阵于甘露寺。清军以铁骑冲之，明军大溃，"武弁各卸甲鼠窜"。郑鸿逵见势难挽回，遂和郑彩一起，率领水军东遁而去。杨文骢帐下黔兵除二百五十人奔还南京外，其余人都随他退守苏州。京口遂陷落于清军之手。

清军从老鹳河渡江时，龙潭驿即有探卒将此军情报至南京，称清军"编木筏，乘风而下，江中炮坏京口城四垛"。不久，杨文骢派来使者，称京口城被击坏，乃是"城下炮火从后发，自震坏颓垣半垛"，并称"连发三炮，江筏粉碎矣"。于是马士英重赏杨使，鞭打探卒。自此之后，"警报寂然"。杨文骢之所以假传情报，大约是中了清军"疑兵之计"，对战情失察。马士英未加详察，却答责探卒，才是导致"警报寂然"的原因。

京口失守，南京大震。五月初十日凌晨，弘光帝从南京逃走。南京城内一片大乱，群臣纷纷逃散。十五日，清军兵临城下，钱谦益等大臣开城投降，弘光小朝廷彻底覆灭。当月底，弘光帝被俘，次年遭清军杀害。

第三节　兴修毁弃金山城

康熙元年（1662），镇海将军刘之源修缮镇江府城，同时修缮金山城。

刘之源，汉军镶黄旗人，系清初名将。清军入关后，刘之源在剿灭农民起义军余部，以及消灭南朝政权战事中，功勋颇著。顺治十六年（1659）八月，刘之源授镇海将军，驻防京口。

刘之源驻防京口，时在郑成功大军由京口败退不久。顺治十六年（1659）五月，郑成功与监军张煌言等率领三千多艘战舰，十多万兵力，从吴淞口进入长江，六月攻陷京口城。收复京口之后，郑成功急欲光复南京。七月初，他留下四千兵士驻守镇江，亲领大军由水路向南京进发。七月七日，郑军抵达观音门。两日后，郑军准备攻打南京城。南京守将郎廷佐为了暂避锋芒，采取拖延战术。郑成功误中缓兵之计，决定在城外连营而守，坐等清军投降。由此一来，错失战机。很快，远征贵州的清军凯旋，支援南京。二十三日，清军大败郑军。二十四日，郑成功匆忙由京口退师而去。

这场战役，使清廷震恐不已。为了加强江南守备，都统刘之源挂镇海大将军印，统八旗官兵共甲二千副，并左右二路水师驻扎镇江，镇守沿江沿海地方。

据《京口八旗志》记载，顺治十二年（1655），镇海大将军石廷柱统八旗官兵驻守京口，此乃京口八旗驻兵之始。初设镇海将军一员，副都统二员。乾隆二十八年（1763），驻防京口旗兵由副都统掌印，受江宁将军节制。

对京口重要的战略地位，刘之源有着卓然识见。《清史稿》载他在一份奏疏里说："京口百川汇流，江南财赋自此挽运北输。近因郑成功入犯，几至横截运道。宜先练习水师，以资防御。防海策有三：出海会哨，勿使入江，上也；循塘拒敌，勿使登陆，中也；列阵备兵，勿使近城，斯下矣。顾练水师当先造船，火器、水手、舵工，百无一备，何以御贼？"

顺治十七年（1660），刘之源在另一份奏疏里说："京口水师造船二百，募水手、舵工八千余，一时难以集事。沿海民有双桅沙船，造作坚固，其人熟于洋面水道，请查验船堪用者予收用，船户给以粮饷。旧设战船低小，不必修补。边海炮台、烽墩、桥路，请敕督抚下沿海州县修葺高广。"由此可见，驻守京口期间，刘之源多所谋划，加强守备。修缮镇江府城，无疑是诸多举措之一。

除了镇江府城，刘之源还修缮了金山城。金山城修筑于顺治元年（1644）。当年十一月二十七日，为加强沿江守备，在京口监军杨文骢的建议下，明军分别在金山、圌山筑城。

杨文骢，字龙友，贵州人，系内阁马士英的妹夫。杨文骢为何会提出这个建议？史料存在不同说法。《小腆纪年附考》中说，祁彪佳担任苏松巡抚期间，积余军储八万，除了以两万佐史可法军需外，其他六万均储于镇江府库。杨文骢至京口后，对这笔钱动起了心思，但苦于没有办法。于是他以"金山踞大江中，控南北，请筑城以资守御，并筑圌山为犄角势"上报。接到杨文骢的报告后，马士英请于弘光帝，得到批准。《南疆绎史摭遗》中则称："观其设守金山，胸中非漫无计划者。"

杨文骢任京口监军，时在这年十月。杨文骢得任此职，当然离不开妻兄马士英的荐举；同时弘光帝登基，杨文骢亦有拥立之功。赴京口任职时，马士英以所画《山水扇面》相赠。

杨文骢提议筑城，应该并非为了中饱私囊。后人对杨文骢颇多非议，多是由于马士英的缘故。在弘光朝，马士英臭名昭著，作为马士英的妹夫，杨文骢难免招致池鱼之殃。《明史·杨文骢传》云，杨文骢"父子以士英故，多为人诋谋"，可见朝野上下对杨文骢父子颇多腹诽。祁彪佳在《甲乙日历》里多次记载自己和杨文骢会晤的情形，可见两人关系甚好。《甲乙日历》未记杨文骢筑金山城一事。如果杨文骢果真为一己私利而建此城，以祁彪佳之性格，即便未记入《甲乙日历》，也断无可能再继续与其交往。由此分析，杨文骢建城纯属书生意气。虽然难脱"纸上谈兵"之嫌，但不会是为了中饱私囊。

杨文骢选择在金山筑城，实在并不高明。夏完淳在《续幸存录》中说："金山虽百丈之高，七尺之坚，于江防何益耶？"时人陈潜夫则认为："不务进取，专事退守，举土地甲兵之利委之他人，虽江、淮亦未可保也。为南都计者，画河而守中策也；守淮下策也，至守江则无策矣。且即守江，则金山百丈之高，筑垒安营，巨舰置炮，据形势以助屯，候联舟师，谓非天堑之险欤，城之则何益也！"这些议论颇有见地。

杨文骢于金山所筑之城，顺治年间即已毁弃。据《光绪丹徒县志》记载，平南伯刘忠镇守京口时，"令毁金山城，砖石发市上价"。

史学家谈迁著有《北游录》，记述北上京师一路见闻。顺治十年（1653）闰六月，谈迁至京口时曾登金山，云："兵部郎杨文骢环金山而城之，费万余缗，弃之如敝屣，至今有遗甓焉。"谈迁有七律《环金山城址云故职方杨文骢遗筑》，诗云：

颓城千雉失嶙峋，司马金钱费万缗。
一自北军飞渡日，犹余西塞脱逃身。
权臣惟解高郿坞，国士从无起棘津。
满目新亭徒涕泪，江东王导又何人。

清道光年间河道总督兼兵部侍郎完颜麟庆《鸿雪因缘图记·金山操江》云："金山城，明季建以屯粮。康熙初，将军

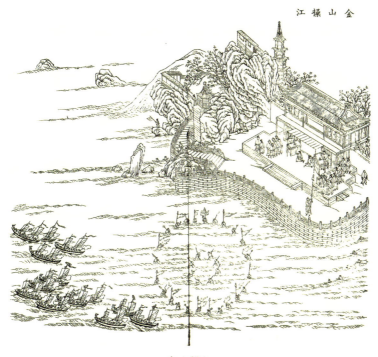

金山操江

选自清刊本《鸿雪因缘图记》，日本早稻田大学图书馆藏

刘之源重修，以驻兵防海，旋废。今之长廊，即城基也。"可见刘之源出于"防海"考虑，重修金山城。这座城池不久再度废弃，原因是"海疆安谧"，金山城已无用武之地。

继刘之源之后，雍正元年（1723），镇海将军王钺再次修缮镇江府城，并写有《重修郡城记》。在文中，王钺记述道：

城故周围十三里，高准二丈九尺，残缺几遍。今相度经营，若者拆造，若者补修，自城墙以迄四门月城、北门夹城，合二千八百四十余丈，而无一可遗。其女墙一千四百一十五座，及内外瓮城十座，楼八座，水关、水门楼各二座，角楼二座，亦拆补兼举而新者倍之。又添置望江楼一座，平台一座，栅栏二十二座，更铺四座，尤全城守御所必资。凡此或垂废而改筑，或既圮而更新，或久湮而复建，不一辙也，而巩固无殊轨。

重修后的镇江府城，东城门二重，曰朝阳；南城门二重，曰虎踞；西城门二重，曰金银；北城门二重，曰定波。

第四章　近代风云

鸦片战争期间，发生在镇江的"西门保卫战"，惊天地，泣鬼神。京口副都统海龄阖门殉国，令人感佩。在这场战争中，镇江府城西门及十三门等处，均遭受重创。

在太平天国运动里，镇江城一度为太平军所占据。太平军在镇江筑新城，与清军展开了艰苦卓绝的拉锯战。现今北固山龙埂、东吴路等处，均发现太平天国新城遗迹。

民国期间，镇江一度成为江苏省省会，城市迎来了新一轮发展，特别是道路建设突飞猛进，以中山路、中正路（今解放路）为骨架的城市路网，奠定了城市发展的主体框架。

第一节　镇江抗英保卫战

在清政府闭关锁国的同时，欧美各国得到迅速发展，特别是英国发生"工业革命"，机器生产逐步取代手工劳动，生产力得到极大提高，成为世界头号资本主义强国。

为了寻求更广阔的商品市场，掠夺廉价的工业原料，英国不断开拓殖民地，殖民势力逐渐侵入印度、阿富汗、伊朗等国。19世纪前后，英国将侵略的矛头指向中国。中国自给自足的自然经济模式，使得在对华贸易中，英国必须用白银抵付贸易差额。为此，英国人不择手段，大搞鸦片走私贸易，将鸦片作为打开中国大门的"武器"。鸦片的泛滥，致使中国白银大量外流，同时严重损害了吸食者的身心健康。

鸦片泛滥，给中华民族带来深重灾难。林则徐在给道光帝的奏疏里说："若让鸦片流毒于天下，是使数十年后，中原几无可以御敌之兵，且无可以充饷之银！"为了改变这一局面，道光十八年（1838），清政府下令各省严禁鸦片。道光帝任命林则徐为钦差大臣，南下广州查禁鸦片。

道光十九年（1839）二月，到达广州后，林则徐在两广总督邓廷桢的支持下，收缴鸦片两万余箱，约230万斤。四月二十二日，集中销毁于虎门。虎门销烟持续了20余天，有力地打击了英国殖民侵略者的嚣张气焰。

虎门销烟，给了英国政府侵华的借口。道光二十年（1840）五月底，一支由四十余艘舰船组成的英国远征军，封锁广州海面，鸦片战争正式爆发。英军一路北上，先后攻占厦门、舟山等地，于七月陈兵天津白河口，向清政府提出赔款、割地、通商等要求。道光帝任命直隶总督琦善与英军谈判，并将林则徐、邓廷桢撤职查办。

当年十一月，琦善赴广州，正式与英军谈判。除答应赔偿烟价600万银元外，他没有同意英方所提之割地、增开口岸等要求。英军遂再次出兵，攻占大角、沙角炮台，并强占香港。英军的态度激怒了道光帝。道光二十一年（1841）正月初五，清政府下诏对英宣战。

道光二十二年（1842）四月，英军北上，发动"扬子江战役"。控制江苏沿江各市，既能扼守江南，也能截断南北漕运，以此迫使清政府妥协。提督齐慎、刘允孝败退，英军先后占领吴淞、宝山、上海、江阴等地，大军直逼镇江。

六月初八日，两艘英舰驶进焦山口，侦察地形。未料遭遇伏击，溃败。初九日中午，"司塔林"号等英舰游弋于焦山江面，"炮声沸江水，自焦山西属之金山，帆樯如蛛网，高若峻塔，烟气腾霄，望者畏之"。

当时驻守焦山炮台的共有一百余名旗军。英舰驶入焦山、象山间的狭窄航道，焦山守军开炮轰击，英军予以还击，并强登焦山。旗军在云骑尉巴扎尔率领下，与英军展开白刃战。终因寡不敌众，除两人泅水至南城报信外，其余将士全部壮烈殉国。现存焦山脚下的古炮台遗址，是这场悲壮战争的历史见证。

随后，英军又占领金山，在慈寿塔上升起英国国旗。

英军控制京口沿江地区后，目标直指镇江府城。在全力攻打府城前，英军封锁长江江面，不准船只通行。据时人朱士云《草间日记》记载，京口江面上至金山，下至焦山，夷船"密布满江，烟焰蔽空"。从初八日至十二日，夷船在江上游弋，南北渡船惧不敢行。有只米船渡江，夷人呼之不应，遂发鸟铳，击伤一人。

英军入侵时，京口副都统乃是海龄。海龄，郭洛罗氏，满洲镶白旗人，由骁骑校尉升张家口守备，累擢大名、正定两镇总兵，后历西安、江宁、京口副都统。

京口原驻扎有世袭驻防旗兵一千二百人，绿营兵六百人。英军侵入浙江沿海后，为加强京口战备，又从山东青州调来四百名旗兵协防，绿营兵则大部分调去防守上下游小口岸。齐慎、刘允孝从前线败退后，各统二千汉军，分驻城外。

英军刚刚攻入长江，离城尚远，镇江府城内已是一片混乱。五月初，府城西门外富户多远涉江中，遇盗者不一。前线战事屡屡失利，很多官员将失利的原因归咎于汉奸。面对如此混乱的局势，海龄决定闭门，禁民迁徙出城，严查汉奸。海龄的这一决定，虽然形成全县境内空前紧张的氛围，但也给百姓生活带来灾难性的打击。

时人杨棨所著《出围城记》，对此有如下描述：

初八日，居民迁者塞涂，仅开城一时许，而城门亦止开一扇。驻防旗兵交刃对立，使行者匍匐从刀下过，稍举首即触刃血被面，除随身衣服外，一物不许携带，带者立行夺下。人方络绎行，突然闭门，有子弟出而父兄闭入城内者，有妻女出而丈夫闭入城内者，城内外呼号之声，惨不忍闻。

海龄闭城，意在满城搜拿汉奸。外地在京口者，无论做生意，还是充工役，抑或作僧道、为仆及行乞，因非地方口音，"均被缚去，略一诘问，即杀十三人于小教场"。"旗兵遇他县人在城者，及居人只行或夜出者，见即追而杀之。至是捕城内外居民百七十余人，于小校场行刑，并及妇人孺子，呼冤之声不绝，郡守惟流泪而已。"

六月十三日晚，英军部署兵力，决定分三路攻打镇江城。一路从金山对面登陆，切断驻扎在城外的守城兵力；一路从西门及近郊攻击，这是作战主力；另一路从北固山下登陆。

英军原本以为镇江唾手可得。随"复仇神"号侵华的英军将领柏纳德在回忆录中说：

从表面上来看，那边对我们没有准备进行什么抵抗，最低的限度，我们看到城墙上并没有站着士兵。当地好多的市民所以涌现出来，显然是一种好奇心的表现。所以我们得到的第一个印象，是我们在镇江不会遇到抵抗，而后来通过翻译人员所得到的消息，也使我们作出同样的结论。

可让英军始料未及的是，六月十四日战争打响之后，他们遭遇到清军的顽强抵抗。

英军分三路攻城。一路英军由西南攻城，袭击城外驻防清营。时提督齐慎、刘允孝以戴罪之身正驻守西南山坡。英军向清营发射圆形炮弹和葡萄弹，并用大抬枪、火绳枪射击。清军猝不及防，立时大溃，齐慎、刘允孝引军退守新丰。外援既断，镇江府城遂成危卵。另一路英军登上北固山，向城内发射火箭火弹，声如巨雷，屋瓦皆震，十三门倾倒十余丈。府城北门很快沦陷。

大规模战斗在西门打响。英军舰船驶近西门城墙，守城清军用大抬枪、火绳枪向英舰开火，英军被迫弃船逃走。随后，英军"皋华丽"号舰长理查兹和"摩底士底"号舰长华生率五百多名官兵前来增援，并用炸药炸开外城门。英军架云梯，登城楼。守城清军虽奋起反击，英军最终还是登上了城楼，西门宣告失守。

对于这场战争，英军参战将领柏纳德在回忆录中写道：

许多参加这次战役而亲眼见到清军坚决作战的人，都能够讲出一些故事。很多这些清兵直向我军的刺刀冲上前来。有的时候，清军冲到我军警卫哨来，将我方士兵捉住，然后抱起来一起跳下城墙去。还有一两次，清军士兵在被我军刺刀刺伤以前，居然能够把我方士兵摔下城墙去。

焚烧镇江城堞图
选自英国约翰·奥特隆尼《对华作战记》

　　入城之后，英军纵火焚毁清军营。驻防清军在巷陌间和英军展开肉搏战。海龄鼓舞将士"宁可自杀，决不投降"，并亲率清兵，与英军殊死一战。终因敌众我寡，其势已难以挽回。海龄退至宅内，阖家自焚殉国。

　　此战英军共伤亡一百六十九人，其中陆军阵亡三十三人，负伤一百零九人，失踪三人；海军阵亡三人，负伤二十一人。英军攻陷镇江府城所付出的代价，超过以往任何一场战役。清军阵亡军官四十名，士兵一千名。恩格斯高度赞扬镇江守军，他说："如果英军在各地都遭到同样的抵抗，他们就绝对到不了南京。"

　　海龄身后，极尽哀荣。据《清史稿·海龄传》记载，清廷对其"谥昭节，入祀昭忠祠，并建祠镇江，妻及次孙附祀"。然而不久，海龄受到常镇道周顼的劾奏。周顼弃城而走，事后攻讦海龄"妄杀良民，为众所戕"。道光帝派人调查此事，很快查清事实。道光帝下诏，认为海龄"阖门死难，大节无亏，仍照都统例赐恤"，并治周顼诬告之罪。"大节无亏"四字，可谓对海龄的盖棺定论。清军未至，海龄纵有闭城妄杀之过，但其英勇抗英，举家壮烈殉国，气贯山河，亦可掩其前愆。英军将领约翰·奥特隆尼《对华作战记》里说："像他这样为国牺牲，可以称为英雄，还可以当作神来祭祀。"可见海龄的殉国壮举，同样得到英军的敬佩。

占领镇江后，英军随即溯江而上，攻打南京。面对英军的炮火威胁，清廷紧急求和。七月二十四日，中英双方代表在停泊于南京江面上的英军旗舰"皋华丽"号上签订《南京条约》，除赔偿2100万银元外，清廷同意割让香港岛，并开放广州、福州、厦门、宁波、上海五处为通商口岸。这是中国近代第一个不平等条约，也是中国近代屈辱史的起点和标志。

在这场战争中，镇江府城被毁严重。据《光绪丹徒县志》记载，"越一年，邑令王德茂率邑绅捐金重修"。

第二节　太平军修筑新城

道光三十年（1850）十月初一日，洪秀全领导拜上帝会民众，在广西金田村起义。太平天国运动就此爆发。

时经两年，声势浩大的太平军在天王洪秀全指挥下，一举占领长江中游重镇武昌。清廷大为震恐，咸丰帝急令两江总督陆建瀛为钦差大臣率兵驻防苏、皖，江苏巡抚杨文定驻防江宁（今江苏南京）。

咸丰三年（1853）正月，数十万太平军顺江东下，以排山倒海之势，连克九江、安庆，直下江宁。二月十一日，江宁失陷。江苏巡抚杨文定兵败，退守镇江。洪秀全宣布定都金陵，改称天京。

太平军大举东下，京口城内外迁徙一空，食用等物亦须专差觅购，防守甚难。

江宁失守后，杨文定督水师驶入京口江面，泊舟焦山。京口副都统文艺屯兵城外岘山，参将台文英屯兵天妃宫，镇江知府豫立、丹徒知县张坦驻守竹林寺，"于是城无守官守兵矣"。杨文定与文艺时有龃龉，互相猜忌，咸丰帝以"英夷前扰镇江，文武即以不和失事，岂可蹈此覆辙"，切责甚至。

很快，太平军以林凤祥、李开芳、罗大纲、曾立昌、吴如孝为将帅，率万余将士，直取镇江、扬州。二月二十一日，舟师攻至金山，金山守将德泰逃至焦山。二十二日，太平军登金山，纵火劫焚，文宗阁被毁。

随后，太平军兵分两路，一路由罗大纲、吴如孝率领，直取镇江；另一路由林凤祥、李开芳率领，北攻扬州。

连日间，京口城乡空前紧张，居民"闻警汹走"。有奸民谎言城门将闭，制造混乱，趁机掠抢辎重。豫立将其捕获，予以斩首。

据陈庆年《镇江剿平粤匪记》记载，当时镇江驻防兵力较为空虚，"城外京口协师船防江仅十艘，绿营兵才三百余"。文艺将零山的大炮移至城中，置于四门，"选旗营闲散一千三百余为护勇，以余兵巡衢市"。豫立招募数百壮勇，张坦"出盗朱景山于狱，集其党三百余为护勇"。

罗大纲率领舟师，轻易击溃清军水师，自鲇鱼套登岸，由西北攻打镇江。杨文定弃焦山逃至江阴。豫立、张坦东奔丹阳。文艺亦引军逃至白兔（今句容境内）。罗大纲侦知城空，二月二十三日引军入城。同时扬州也被太平军攻占。

镇江初由罗大纲守卫，不久他奉命率大军西征皖、鄂，军务遂由吴如孝掌管。为加强沿江防务，吴如孝在镇江修筑"新城"，自西门桥口起，沿运河至江口，由江口至北固山，又自北固第一峰沿龙埂至十三门城下止。

太平军所筑新城，开有多个城门，《光绪丹徒县志》记载甚详：

> 新城，初止西正门（即金银门，门外桥口别有寨门）及滨江横桥门、得胜门而已。十余年来，开有多门，缘大江运河往来济渡及居民取水，因地制宜，不容已也。今除正西门原附郡城外，为门凡十有八：日西角湾门，日东角湾门，日京口驿门，日盛家巷门，日袁公义渡门，日钱家马头门，日浮桥门，日盐店巷门，日李家渡口门，日通津门（以上滨运河），日姚一湾门，日小营盘门，日道家巷门，日横桥门，日得胜门，日新城闸水门，日甘露门（以上滨江），日中埂门（龙埂上）。

太平军所筑之新城，晚清时被陆续拆除。光绪三十二年（1906），常镇道郭道直据警长窦镇山请，因禀准拆毁，以砖石改建菜市街房屋。目前北固山龙埂处还保留着一段太平天国新城城墙；小营盘也残存一段新城城墙，1982年夏在城墙内侧工地发掘出铁炮大小各一尊。近年来，东吴路、黄花亭、京口闸

北固山太平天国城墙遗迹

等地，也陆续发现多处太平天国新城遗迹。

太平军东取镇、扬，清廷震恐。钦差大臣向荣、琦善向太平军防线发起攻势，分别在金陵城外钟山南麓孝陵卫一带及扬州外围扎营驻屯，时称江南、江北二营。江南大营与江北大营互为犄角，钳制太平军向东、向北发展，直接威胁天京安全。

镇江失守后，向荣改派江南提督邓绍良负责镇江一线军务，准备开辟东战场。依照向荣的战略方案，决定先行收复镇江。

三月二十九日，邓绍良移营官塘桥，与京口副都统文艺会师，距城十里。三十日，清军与太平军交战于菊花山下。罗大纲佯败，清军不察，率师追击，结果导致后路空虚。太平军另一股主力由釜鼎山迂回至清军侧后，一举消灭清军三百余人。清军初战失利，向荣"先取镇江"的战略方案开局遇挫。

首战受挫，总兵和春受命，率二十余艘舰船驶泊京口江面，意图再决雌雄。四月初二，舰船驶抵焦山，遥见甘露寺及镇江城一带，皆有炮台。清军舰船与太平军水师在京口江面炮火相击，和春不敢前驶，回师瓜洲。

总兵音德布随后率援军抵镇，邓绍良移屯京岘山，将府城团团围住。四月十五日，罗大纲遣将士出城迎击，结果在东门、南门被邓绍良逐回城内。四月二十日，和春率水师总兵叶长春、副将李德麟，督战舰再攻甘露寺至大码头一线太平军水师，遭遇对方炮击，未能获胜。一时间，双方陷入僵持局面。此时对于战局，向荣有了新的思考，他认为"省城一有可乘之机，即当因势进攻，力图克复，不敢拘于先复镇江之成见"。

邓绍良见镇江府城防御严密，轻易未能取胜，遂在城外京岘山、南水关安设大炮，日击城中，城内太平军弥月不敢出。邓绍良颇为自得。他哪里知道，罗大纲正在制订会战计划，意图一举痛击清军。

六月十三日中午，太平军将士突然出城，清军匆忙抵御，被诱至城下。罗大纲命驻守北固山的三四千将士"抄截各营后路"。太平军将士兵分多路，冲入清军大营，火箭、火罐等物齐发，清军大营寨篷、帐房等处一时俱燃。

攻城清军见大营被焚，慌乱不已，遂溃不成军。邓绍良退守丹徒镇。太平军紧追不舍，六月十六日，一举进据丹徒镇，邓绍良引师丹阳。

为遏止太平军继续南进，六月十七日，和春率军进抵新丰，控扼南进交通线。向荣"先复镇江"的战略计划，至此宣告彻底失败。

此后清军和太平军陷入攻守僵局。双方屡有战斗，互有胜负。当年岁末，经过激战，清军江北大营一举收复扬州。太平军弃守扬州、仪征，据守瓜洲。如此一来，天京形势更加危急。

咸丰三年（1853）年底，在向荣举荐下，已革都督余万清主持镇江军务。咸丰四年（1854）六月，琦善扼堵六合江面，致使天京与镇江航道断绝，城内军资、粮食匮乏。乘镇江缺粮、人心动摇之机，余万清设法招抚太平军。

得知镇江城内缺粮，东王杨秀清下令水师组建庞大的武装船队，沿长江运粮。封锁夹江口的清军舰船无力阻拦，太平军水师顺江而下，分头停泊金山、鲇鱼套。镇江之困得解。吴如孝坚守镇江旷日持久，正是他从容应战，屡挫清军。

时隔不久，镇江与天京间的运输通道再次被清军切断，城内面临又一次粮草危机。要解镇江之围，必须尽快打通这条运输通道。

咸丰五年（1855）二月初四至初六，清军连日攻打镇江西门。太平军坚守城垣不出。初八，吴如孝令驻守瓜洲将士南渡，支援镇江。初九，四五千太平军由鲇鱼套夹江两路登岸，进抵高资镇，当夜太平军在距离高资二里沿江地带，筑垒五座。清军驰往进攻，攻破二垒。

吴如孝遣将士进抵高资高家边及句容桥头、下蜀一带，意图将防线向西延伸，在此设立基地，恢复与天京的陆路联络。二月十四日，清军兵分三路，夹击高资。太平军将士奋力抵御。清军伤亡八十余人，未能攻陷太平军营垒。清军继而滥轰滥炸。为了保存实力，吴如孝决定乘夜撤离，回防府城。

二月二十八日，负责督办镇江军务的江苏巡抚吉尔杭阿抵达丹徒。和余万清共同视察水陆各营后，吉尔杭阿迅速进行军事部署，挖长壕，筑土墙，架大炮，意欲一举收复镇江。

吉尔杭阿骄矜刚愎，急于陷城邀功，遂改变余万清消极相持的策略，转而积极进攻。一连数月，清军与太平军多次发生交战，双方互有伤亡。杨秀清一度派出将士，由天京进援镇江。吉尔杭阿闻讯后，连夜在高资集结兵力，粉碎了天京太平军的这次支援行动。

为了进一步切断镇江守军与天京的联系，吉尔杭阿下令，高资便民河北岸洲地居民全部迁徙，撤除京口至高资港渡船，并筑坝堵塞便民河，在高资港密钉木桩。吉尔杭阿另派分队巡逻高资、龙潭，严防镇江、天京两地太平军互为策应。

眼见与天京的水陆通道皆被截断，十一月初，吴如孝趁着夜深，派遣千余将士，溯江而上，意欲偷袭高资。岂料此次行动被清军察觉，太平军无功而返，退回镇江。吉尔杭阿随后调拨五只红单船，南泊高资江面，严密防范，同时将北岸洲地树木砍伐殆尽，以防太平军潜伏密林。清军还在焦山增添陆营，安设炮台，堵截太平军水师东驶江阴。

到了咸丰六年（1856）初，吉尔杭阿督师围困镇江府城已长达九个月，兵力增至两万余人，企图迫使城内粮尽援绝，弃守突围。在吴如孝的指挥下，太平军多次击退清军进攻，有力地策应了天京防御战，然而城内的粮草危机越来越严重。

由于镇江府城随时有被攻破的危险，杨秀清决定派遣兵力，大规模驰援。秦日纲率领太平军主力，成功突破天京防线，然而却被清军遏阻在高资。吉尔杭阿更是从镇江撤走部分兵力，亲自领兵增防高资。

清军屯驻在高资镇西南山梁，距镇二里。镇上民房被焚，居民迁徙一空。吴如孝亲率太平军，前往高资增援。清军与太平军在高资一度形成相持之势。

天京城内，杨秀清决定发动战略会战，集中优势兵力，歼击江南大营。秦日纲此前已率部渡江，攻破江北大营。为解镇江之围，他渡江至京口，困守镇江城的太平军由此得到军资、粮草接济，群情大振。秦日纲手下将士在金山之下洲地，扎有棚帐多座。四月二十四日，太平军由金山南渡登陆，进抵高资便民河北岸洲地筑营，分头攻打黄泥洲清营。吉尔杭阿急令清军驰援，遭到太平军猛烈攻击。

太平军数万之众，持续向便民河集结，最终取得高资大捷。清军溃不成军，七座清营很快被攻破。等到吉尔杭阿从高资香山口入援，已无力回天。吉尔杭阿逃入烟墩山。四月二十九日，绝望中的吉尔杭阿带着不甘，用手枪自杀。

江南大营被攻破后，原本形势一片大好，未料此时太平军内部却发生兵变。东王杨秀清逼天王洪秀全到东王府封其为万岁。洪秀全密令韦昌辉和石达开回京对付杨秀清。韦昌辉接令后率兵回天京，包围东王府，诛杀杨秀清及其眷属，在天京城内制造大屠杀。韦昌辉的虐杀激起天京将士的愤怒，洪秀全遂处死韦昌辉及其心腹两百多人。咸丰六年（1856）十月底，翼王石达开回天京，洪秀全命他掌管政务，但是又对其心存疑忌，处处予以牵制。

太平军这次内乱，史称"天京事变"。此次事变是太平天国由盛转衰的转折点。咸丰七年（1857）五月，翼王石达开由天京出走。清军继占领溧水后，又趁势攻陷句容，兵锋直指天京。太平天国自击溃江南大营以后取得的战略成果至此完全丧失，江南大营声势复振。

六月底，张国梁率清军大举进攻镇江。七月，和春亲赴镇江主持军务。对于张国梁驻守高资等地、切断西路进援线的建议，和春深表同意。

及至九月，清军在高资西路连营三十余座，切断太平军补给，围困镇江守军。吴如孝再次向天京求援，可天京援军却始终无法突破高资的清营防线。援军未至，清军又驻守城外，镇江城内的粮食难以为继，军士每人每天发米半斤，只能吃稀粥。吴如孝日夜焦灼，一筹莫展。眼看年关将近，城内粮食即将耗尽。吴如孝不甘心坐以待毙，决定率部突围，袭击高资清军防线。

九月二十日，吴如孝派遣士卒，由北门杀出，意图突破清军江边防线，未能成功。次日，太平军兵分多路，分别由北门、东门等处杀出，又被清军击退。

十一月初，镇江城粮食几乎耗尽，吴如孝决定亲率大军，驰赴高资，打通与天京的交通线。十一月十二日二更时分，太平军兵分三路，杀出城去。镇江城兵力空虚，遂被清军收复。

在曾国藩组建的湘军等多方剿杀之下，同治三年（1864）六月十六日，天京陷落。其时天王洪秀全已病逝，幼天王洪天贵福继位。洪天贵福流亡多日，终被俘获，后被清军凌迟处死。太平天国运动宣告失败。

第三节　江苏省会迁镇江

　　1929 年 2 月，江苏省会迁至镇江。直至 1949 年 4 月国民党败退撤离，除日寇侵华沦陷期间省政府一度迁至他地外，镇江作为江苏省会前后长达 12 年。在此期间，镇江市政建设、城市规划取得较大发展。

江苏省会全图

　　清咸丰六年（1856）底，以"亚罗号事件"和"马神甫事件"作为借口，英法联军陈兵珠江口，第二次鸦片战争就此爆发。咸丰八年（1858），英法联军在美、俄两国支持下悍然攻占大沽炮台，继而进犯天津。清政府此时正因为太平天国运动而焦头烂额，决定对英法联军妥协，与英、法、俄、美等国分别签订《天津条约》。

中英《天津条约》规定，增开镇江、南京、汉口、九江等为通商口岸。条约还规定，英国人可以在通商口岸租地盖房，设立栈房、礼拜堂、医院、坟茔。其时清军刚收复被太平军占据的镇江，局势极度不稳，故双方约定"镇江一年后立口通商"。事实上，由于太平天国运动的原因，镇江并未如期开埠通商。直至咸丰十一年（1861），镇江才正式开埠通商。很快，镇江便成为长江下游重要的进出口商贸口岸，商业发展进入全盛时期。

江苏省会迁至镇江后，江苏省建设委员会即着手编制省会建设计划。

依据1931年制定的《江苏省会分区计划》，镇江全市被规划为行政区、工业区、码头区、商业区、旧市区、住宅区、学校区、园林区这八个分区：

甲、行政区——自北城门内起，沿中山路第三段以西，沿弥陀寺巷至中正路（即今解放路）以西，为行政区。

乙、工业区——花山湾一带接近河流铁道，便利运输，故辟为工业区。

丙、码头区——自京沪铁路江边车站码头起，沿江边马路以至甘露港一带，为码头区。

丁、商业区——自码头区向西之大教场、虹桥路、新河路、运河路、鼎新街等处，为商业区。

戊、旧市区——自西门大街经中山路第一段至宝塔巷止，及南门大街一带两处均划为旧市区。

己、住宅区——南门外之更楼巷一段，为模范住宅区，新南门外沿京沪路轨附近为平民住宅区，省会区域内又规定住宅区四处。

庚、学校区——自鼎新街至鼓楼冈为学校区。

辛、园林区——城东空旷郊野划定为园林区三处。

1933 年江苏省建设厅编制出台的《发展省会市政及各县市政方案》，则将分区调整为行政区、商业区、工业区、住宅区、学校区，位置和范围亦有所变化。

当时限于财力，"如其通盘规划同时并举，不惟财力短绌，将有顾此失彼之虞，抑且工程浩大，不无力小任重之弊"，江苏省政府在省会建设过程中，一边制订计划，一边筹措资金，择其要者，陆续推进。

早在 1930 年上半年，江苏省建设厅即提经省委会议，确定试行建设区域，"西南以京沪铁路为界，西自新西门起迤东达网巾桥成一直线是为北界，自网巾桥东南行至南门大街之中点为东界，折而南至南门车站为南界"，面积约 2000 余亩。

截至日寇侵华，镇江沦陷，城区已建成的道路包括中山路、中正路、金山路、林隐路、中华路、宝塔路、北固路、省句路、镇澄路，拟筑道路有江边路、北环路、三山路、扬子路、滨江路、虹桥路、环城路、民国路、大南路、大北路等。

除了道路建设外，江苏省会具体建设计划中还包括《镇江新港建设计划》《省会新沟渠计划》《桥梁计划》《省会公共建筑计划》《整治市内河道计划》《省会园林计划》等。如依据《桥梁计划》，省会镇江原有桥梁六座，即西门桥、千秋桥、高桥、网巾桥、范公桥、石浮桥；在此基础上，新建中正桥（即今解放桥）、中山桥、新河桥、平政桥、跃金桥、网巾桥。其中平政桥建成于清末，因"年久失修，现改为钢筋混凝土"；网巾桥为跨越关河的拱式石桥，因修筑中山路的需要，"乃将旧桥拆去，改建二尺径水泥管涵洞三座，并以旧石料于路面两旁砌石栏两道"。

网巾桥今已不存，这与关河的湮没有很大关系。依据省会的沟渠整治计划，大口门的填埋，亦在其时。《江苏省会辑要》记其经过云：

> 镇江运河，乃古运粮河之一段，近市有大口门、小口门直通于江东……近查丹徒、谏壁两口，船只勉可通行，惜距市过远，荒茫获岸，无可振兴。大口门连年污塞，已填筑为中华路。至于河道则上至越河，下至小口门，亦渐就淤浅。

依据《省会园林计划》，应市民需要，计划建设金山、甘露、林隐、象山四公园，并伯先公园，"定为省会园林区域"。此外，新西门滨河一带另建成河滨公园。

说起河滨公园建设，不得不提到旧城墙的拆除。中华民国成立之初，镇江旧城墙虽略有拆毁，大体却较为完整。在省会道路建设过程中，中正路、环城路、正东路等都涉及拆毁城墙。河滨公园的建设，亦与城墙拆除有关。"新西门城垣拆除后，自新西门桥至竹竿巷段，以城基辟为广场，围以墙垣，规划为河滨公园"。当时河滨公园内遍植花木，点缀花棚，一部分辟为儿童运动场所，"春秋佳日，游人最多"。

在省会建设过程中，公共建筑建设值得一提。依据《省会公共建筑计划》，具体包括菜场、纪念碑、省会机关行政办公楼、礼堂、警官学校、民众教育馆等建设。在日寇侵华前，省政府办公楼、省民政厅办公楼、省公路局办公楼等相继建成。此外，还新建了一些文化、卫生、体育设施，如江苏省立镇江图书馆、国立江苏医政学院教学楼、镇江中学教学楼、江苏省公共体育场等。

1937 年 12 月镇江沦陷后，省政府迁至江北，镇江市政建设进入停滞状态。其时城外西门大街实施拓宽工程，拆迁刚刚完成，建设即戛然而止；江边马路建设同样一度搁浅，直至抗战胜利，工程才得以恢复。

江苏省政府迁回镇江后，省会建设虽一度再次提上议事日程，但限于时局，较之沦陷前，工程量明显减少。

第五章　今日京口

1949 年 4 月 23 日镇江解放，后分设镇江市、丹徒县，城区及近郊划归镇江市，余归丹徒县。1952 年，曾设北固、迎江、金山 3 个市辖区。1956 年，撤区建立街道办事处。1960 年，成立 4 个城市人民公社。1980 年，撤销城市人民公社，建立北固、金山两个区。1983 年 3 月，实行市管县体制，撤销镇江地区，镇江市升格为省辖市；同年 8 月，合并北固、金山两区为城区。1984 年 12 月和 1992 年 11 月，镇江市行政区划重新调整，京口区成为有城有乡、城乡一体的新京口，其管辖范围为：大市口、四牌楼、健康路、正东路 4 个街道，象山、谏壁、丹徒、汝山 4 个乡镇，甘露茶叶试验场。而后又经过几次调整，至 2020 年年底，京口区管辖象山、谏壁、健康路、大市口、正东路、四牌楼 6 个街道和京口经济开发区、新民洲临港产业园 2 个园区。

改革开放滚滚浪潮扑面而来，京口区经济社会发展迎来了一个崭新的春天，经济总量跃上新台阶，经济结构出现新变化，经济发展凸显新水平，先后获评全国"高质量发展百强区""科技创新百强区""投资潜力百强区""营商环境百强区"。

何处望神州　颜宏亮摄

第一节　综合实力上台阶

1984 年建区以来，京口区紧紧围绕经济建设和改革发展稳定大局，推行一系列深化改革、扩大开放举措，不断为发展注入生机和活力，促使全区经济走上快速发展的轨道，实现由弱到强的转变，经济总量跃上新台阶。

1987 年，全区地区生产总值仅为 0.53 亿元，占镇江市比重为 1.2%；经过 5 年发展，到 1992 年达到 1.87 亿元，占全市比重为 1.8%；1992 年区划调整，经济总量相应调整，1993 年地区生产总值达到 5.54 亿元，占全市的比重为 3.3%；2007 年突破 50 亿元，达到 50.36 亿元，比 1993 年增长 8.1 倍，年均增长 18.5%，占全市比重为 4.2%；2008 年按在地统计，地区生产总值达 181.3 亿元，占全市比重 12.9%，总量居全市第二；2020 年地区生产总值达到 452 亿元，占全市比重 10.6%。

京口蓝　陶宝强摄

与此同时，经济结构出现新变化。建区之初，京口区大力实施"贸易兴区""三产兴区"战略，第三产业得到长足发展，三次产业比重由1987年的0：41.2：58.8调整到1992年的0：22.4：77.6。区划调整后，经济结构由纯城区结构转变为城市与乡村的二元经济结构，1993年三次产业比重为3.8：39.0：57.2；"八五"期间，三产继续保持优势，到1995年三次产业比重为4.2：33.5：62.3；"九五"期间，规模工业的集聚效应初显，一产比重下降，二产比重稳步上升，三产比重回落，到2000年三次产业的比重为3.3：40.8：55.9；"十五"期间，坚持新型工业化道路，规模和效益"两个倍增"计划成效显著，到2005年三次产业比重调整为1.9：50.8：47.3；"十一五"以来，坚持先进制造业与现代服务业并重，三次产业发展更加协调，2008年三次产业比重为0.5：42.0：57.5，2020年"十三五"末期三次产业比重为0.2：27.65：72.15。

三次产业总体呈现"稳固、提升、活跃"的良好局面。

此外，经济发展凸显新水平。1987年，全区实现人均地区生产总值2316元，经过6年的发展，到1993年达到10700元，超过万元大关，到2000年超两万元，达到21139元，2003年顺利超过3000美元，达到30755元；到2008年又迅速攀升至53342元，比1987年增长22倍，大踏步进入后工业化时代。

农业产业化进程加快。改革开放给农业和农村带来了巨大变化，给农民带来了更多实惠。1992年区划调整，农村和农业经济拓展了京口的发展空间。在这之后的十多年间，京口区从城郊农业的实际出发，以市场为导向，以效益为中心，认真贯彻落实一系列惠农政策，加强农业科技推广和质量安全体系建设，大力发展品牌农业、高效农业、特色农业，建成瑞京农科园等一批高效农业基地，全区农业产业化进程加快，结构进一步优化，新农村建设进入新的历史阶段。

希望的田野　陶宝强摄

2008 年，全区实现农业总产值 1.75 亿元，比 1993 年增长319%。农产品步入品牌时代，"田柔子"有机大米、"瑞京"蔬菜、"康颜"蜂产品等 10 个名特优农业品牌的延伸，有效提高了全区农产品品质。2008 年，全区粮食总产量达到 13458吨，比 1993 年增长 154%；油料总产量 743 吨，比 1993 年增长96%；水产品产量 1200 吨，比 1993 年增长 42%；肉类总产量2900 吨，比 1993 年增长 20%；蔬菜产量 30678 吨，比 1993 年增长 19%。

工业经济发展迅猛。建区之初，京口工业经济基础十分薄弱，规模很小。1983 年，全区仅有 46 家工业企业，均为集体所有制，当年实现工业总产值 0.28 亿元。经过 26 年的发展，2008 年，全区共有工业企业 655 家，实现工业总产值突破 200亿元，达到 245.4 亿元，比 1983 年增长 875 倍。

工业经济发展呈现出三大特点。一是民营工业突飞猛进。"八五"以来，全区坚持"外资""内资"并举，鼓励全民创业，加大对民营企业政策扶持和服务力度，企业活力进一步增强，规模迅速扩大，涌现出鼎胜、鸿泰、宝华等一批明星民营工业企业。2008 年，全区共有 98 家民营规模工业，占规模企业数的 74.2%；这些企业实现销售 100 亿元，占规模工业的43.6%，贡献份额逐年加大。

二是主导产业特色鲜明。1992 年区划调整后，依托辖区市直工业、乡镇工业优势，整合资源，积极开展产业招商，拉伸产业链条，形成了以鸿泰钢铁、谏壁电厂、索普集团、中储粮、鼎盛重工、爱励铝业等龙头企业为代表的金属压延、电力、绿色化工、粮油化工、装备制造、航空航天等六大主要产业板块。

三是规模集聚效应凸显。为改变原有工业"小而全""小而散"的状况，京口区出台了一系列培植规模企业的政策措施，以名牌产品为依托、资产为纽带、先进技术为支持，促进优势资产、优秀人才、高新技术等生产要素向优势产业和优良产品集中，提高了集约化程度。

2008 年，全区共有年销售 500 万元以上企业 132 家，实现销售 229.5 亿元，占全部工业销售的 96.7%。其中亿元企业 30 家，实现销售 202 亿元，占全部工业销售的 85.1%。2020 年全区共有规模（应税销售 2000 万元以上）以上工业企业 63 家，主要分布在谏壁街道和京口工业园区，2016 年全区六大行业规模以上企业完成销售 319.7 亿元，占全区规模以上企业应税销售 328.3 亿元的 97.4%。2020 年六大行业应税销售 375.1 亿元，占全区规模以上企业应税销售 395.8 亿元的 94.8%。

服务业同步得到全面发展。全区始终坚持服务业主导地位，积极引导，加大投入，努力拓展服务业发展空间和层次。按照"总量全市领先、业态先进发达、布局科学合理、特色多样鲜明"的工作导向，加快实施服务业翻番计划，取得明显成效。

一是商贸业繁荣活跃。20 世纪 80 年代，京口区商贸业单位零散、规模小，商品品种单一、供不应求。90 年代后，商品供应日益丰富，居民需求呈多样化，辖区商贸企业开始重组、合并及发展股份制等积极尝试，1992 年华联股份有限公司成立，当年实现销售 0.6 亿元，占全区零售额的 61.4%，引领了京口商贸业规模化发展之路。伴随着市场经济发展和国内外资本的进入，各类超级市场、购物中心、便利店、连锁店、精品店、专卖店鳞次栉比，商品琳琅满目。2008 年，全区社会消费品零售额破百亿元大关，达到 100.7 亿元，较 1984 年 0.21 亿元，增长了 479 倍，2020 年达 223 亿元。

二是房地产业蒸蒸日上。房地产市场从无到有，快速发展，改善了广大居民的居住环境和居住质量。2008 年，全区房地产投资 25.16 亿元，比 1993 年增长了 172.5 倍；房屋施工面积 146.75 万平方米，商品房销售面积 31.53 万平方米，销售额 12.33 亿元，2020 年商品房销售面积 56.64 万平方米。

美丽京口　朱彦伟摄

三是现代服务业加快发展。全区列统的规模现代服务业企业共有 93 家，其中，现代物流企业 17 家，营收占比 71%；10 家软件信息业企业、21 家租赁和商务服务业企业、17 家科技服务业企业营收占比分别为 2.2%、8.0% 和 6.3%。房地产业、文化教育业列统企业分别为 12 家和 5 家。

第二节　社会事业大发展

改革开放以来，全区项目建设和投资体制改革取得了辉煌成就，有力地推动了经济社会持续、快速发展。特别是 2000 年以来，全区以项目为抓手，深入开展项目建设系列竞赛活动，加大基础设施、产业类投入，加快园区建设，在投资强度、开发密度和产出速度上下功夫，走内涵式发展道路。

京口·跑起来　崔世林摄

一是投资规模持续扩大。1993—2008 年，全社会固定资产投资累计达 307 亿元，其中 2003—2008 年投资合计 263.2 亿元，占 1993 年至 2008 年这 16 年累计投资的 85.7%。2008 年，全社会固定资产投资突破百亿元，达到 100.1 亿元，相当于 1993 年的 59.9 倍；2020 年，固定资产投资达 107 亿元。

二是投资结构不断优化。按照经济发展战略和产业结构调整的要求，京口区在投资总量迅速扩大的同时，注重调优结构，转变发展方式。2008 年，全区一、二、三产规模投资结构比 0.7∶44.7∶54.6，三产投入呈扩大之势。

三是重点项目硕果累累。以大投入推动大发展，鼎铝、鸿泰、中储粮、60 万吨醋酸造气等一批批重量级项目的建成运营，有效提了京口经济集中度。"十三五"期间，91 个区重点产业项目全年完成投资 35.3 亿元，其中 64 个新建项目开工建设、31 个项目竣工投产。

中林（产业）生态园全景图　武钢摄

四是园区建设取得突破。"十四五"期间将按照"一带三片多点"建设滨江山水花园城区和现代服务业发展高地，促进城市功能内涵更加丰富，进一步提升美誉度和知名度。

开放型经济蓬勃发展，利用外资水平提高。建区以来，京口区一直把外向型经济作为经济工作的重中之重来抓，不断创新招商引资机制，由重数量向量质并重转变，再向引资、引智并重转变，努力在更大范围、更广领域、更深层次参与国际经济合作与竞争。1993—2008 年间，全区累计批准外资项目 75 个，实际利用外资累计 4.37 亿美元，其中 2008 年实际到位外资 8038 万美元，比 1993 年增长 9.3 倍，2020 年实际到位外资 4500 万美元。

对外贸易规模扩大。认真贯彻落实一系列鼓励出口的政策措施，促进企业参与国际化竞争，提高国际市场份额。2008 年，全区进出口额 6.29 亿美元，其中出口 5.57 亿美元，相当于 1993 年的 110 倍。出口依存度由 1993 年的 5%，上升到 2008 年的 21%，对经济的拉动作用增强。

民营经济茁壮成长。改革开放后，随着政策的逐步放开，由允许到鼓励、倡导、支持群众创业，京口区民营经济从无到有，总量不断壮大，地位进一步强化，活力进一步增强。2008 年，全区新增民营企业 656 家、个体工商户 1973 户，新增注册资本 6.14 亿元，民间固定资产投资 48.1 亿元，占全社会投资比重达到 48%，对投资的增量作用举足轻重。江苏鸿泰、鼎胜铝业、惠通集团等民营企业成为行业龙头。

财政收入大幅增长。建区后，根据不同时期经济社会发展的需要，区级财政体制不断优化调整：由最初的实行向市财政领、拨、结、报的模式，发展到目前的属地征管模式，实行财权与事权相统一，大大增强地方财政实力。2000 年全区财政收入突破亿元大关，仅用 7 年，2007 年财政总收入突破 10 亿元大关；到 2008 年全区实现财政收入 14.7 亿元，与 1993 年的 0.33 亿元相比，增长了 43.5 倍，其中地方一般预算收入达到 8.3 亿元，2020 年一般公共预算收入 21.7 亿元。财力的增加对促进经济发展、加强经济和社会中的薄弱环节、切实改善民生等提供了有力的资金保障，实现了经济发展与财税增收的良性互动，让广大人民群众充分享受到经济发展成果。

社会事业协调发展。以解决群众"看病难、看病贵"为目标，强化医疗卫生服务体系建设，卫生条件全面改善，全面改善医疗条件，形成了区、街道、社区三级医疗卫生保健网络，基本实现"病有所医"。2008年，全区卫生服务体系健全率达到99.93%，拥有卫生机构81个，比1983年增长107.7%，各类卫生技术人员达758人，其中医生490人，分别比1983年增长249.3%、282.8%；医院床位数189张，比1983年增长71.81%。"十三五"末期，京口区5岁以下儿童死亡率3.04‰、婴儿死亡率2.82‰、孕产妇死亡率0；人口自然增长率2.13‰，出生人口性别男女比101∶93；每千人口医疗卫生机构床位数7.7人，每千人口执业（助理）医师数2.1人，每万人口全科医生数3.6人，居民电子健康档案规范化建档管理率81%。

文体事业蓬勃发展。基础建设投入加大，建成区文化馆、图书馆、美术馆及各街道、社区文体活动中心等一批文化设施。累计建成全民健身点68个，丰富了居民业余生活。文化活动异彩纷呈，成功举办15期"魅力京口"系列文化活动、社区文化节、农民文化节等大型文化活动，成为全市乃至全省叫得响的品牌活动。2005年京口区获全国"群众体育先进单位"称号。"十三五"以来，新建、续建重点文化旅游产业项目5个，云时代中心项目被列入市重点文旅产业项目，星夜大市口项目在镇江文化旅游投资合作推介会上签约；入选2020年度大运河文化和旅游发展榜2个金榜，1个银榜；指导、推荐大禹山创意新社区申报第二批国家级文化产业示范园区创建。

科技实力与日俱增。大力实施"科技强区"战略、充分挖掘辖区内高校人才优势和研发优势，搭建"产、学、研"合作平台，促进科技成果向现实生产力转化。2008年，全区组织实施各类科技项目109项，争取各类科技扶持资金2260万元，申请各类专利858项，获得专利授权347项。积极推进自主创新能力建设，大力培育和发展高新技术优势产业，区域综合竞争力得到明显增强。2008年，全区共有高新技术企业25家，同新技术企业产值占规模以上工业产值比重达到37.5%。2020年，完成金叶螺旋桨、魔能网络、远望仪器等三批共40家企业高企申报工作，申报率同比增长90%，完成市下任务133%；完成方源智能、傲游网络等28家企业高企培育入库申报，成功通过19家。

社保体系不断完善。在城镇，养老、医疗、失业、工伤、生育保险在内的社会保障体系框架基本形成，覆盖面不断扩大。2008年，全区企业职工养老保险参保人数30452人，参保率97.5%；城镇职工基本医疗保险参保率达99.18%；城镇居民医疗保险参保率91.5%；企业职工失业保险参保率99.6%；企业职工工伤保险参保率达92.5%。在农村，新型农村合作医疗全面铺开，社会养老保险面正在积极探索。2008年，全区新型农村合作医疗覆盖面达100%。另外，低保工作实现"阳光"运行，2008年，全区3387名城镇居民、298名农村居民享有低保，做到了应保尽保。"十三五"期间，全区企业养老保险基金征缴收入15.82亿元。实施"全民参保"行动，大力推进社保精准扶贫工作，持续落实城乡居保扶贫"三个100%"。积极引导城乡居民、灵活就业人员和未参保单位开展参保登记，扩面 17053 人，居民参保率保持在 98% 以上。稳妥推进机关事业养老保险制度改革，分三批核定"中人"待遇 353 人。进行机关事业单位职业年金存量资金归集工作，有效保障基金保值增值和职业年金待遇按时足额发放。降低社会保险缴费比例，持续优化营商环境，新冠疫情期间，认真贯彻落实社保费减免政策，截至 2020 年 9 月底，全区共为 2998 家企业减免社保费 2 亿元，有效推动了企业有序复工复产。

第三节　居民更有幸福感

在历史上，京口教育事业颇为发达。润州州学始于宋太宗太平兴国八年（983）。润州知州柳开在州衙子城东南隅建先圣庙，创办州学。范仲淹知润期间，进一步兴办州学，并亲自写信邀请李觏前来讲学。李觏系著名教育家，被誉为"一时宗儒"。范仲淹和李觏乃多年好友。

自范仲淹始，州学昌盛。京口兴起办学兴教风气。北宋庆历年间，议建县学，奉孔夫子圣像崇祀学宫。《嘉庆丹徒县志·学校》引《祥符图经》云："县西二里，旧有夫子庙。"

丹徒县学初在儒林里淮海书院旁，北宋末年倾圮，遂附于郡学东隅，在成德堂后。南宋建炎年间，郡学与县学俱焚于火。绍兴十七年（1147），丹徒县令赵学老复建；乾道七年（1171），丹徒县令韩元老重修。元延祐六年（1319），在教授朱天珍建议之下，县学复迁建于儒林坊。明嘉靖元年（1522），提学御史萧鸣凤念旧学湫隘，特迁县学于朝阳门内寿邱山南麓原龙华寺故址。清初屡有修茸。咸丰年间毁于兵火，同治四年（1865）于故址重建。

宋元时期，京口教育事业发展迅速。淮海书院、濂溪书院等多家书院设立于宋代，元代予以复建。

淮海书院是宋代京口最大的书院，在江苏书院史上占有一席之地。到了元代，书院被甘露寺寺僧所占据，书院山长郭景星虽不断诉讼，却没有结果，无奈之下，只好临时借民居来教授学生。元贞元年（1295），黄一龙主持书院，他在府衙西南斜桥儒林里重新购地，建房八十多间，作为淮海书院新址。后来，书院在新址基础上又两次扩建，才恢复淮海书院规模。

淮海书院山长曹鉴，史志有传。曹鉴，字克明，宛平人，郝彬荐为淮海书院山长。曹鉴天性孝廉，亲族贫乏者，周恤恐后。历宦三十余年，僦屋以居，临终无余赀，唯书数千卷而已。

濂溪书院位于定波门内，南宋后期由镇江知府徐栗倡议建立。到了元代，濂溪书院被鹤林寺僧人拆毁，院址也被占据。书院山长徐苏孙只好在城内皇祐桥南边临时办学，但房舍简陋，规模很小。直到大德九年（1305），镇江府学和淮海书院出资相助，濂溪书院才在定波门内选址重建，不过规模已无法与南宋时相比。

晚清京口仿照西式教育模式，创办了多所新式学堂，有力地推动了近代教育事业的发展。1906年废除科举制度后，新式学堂更是迎来了春天。

1910年，在日本东京出版的第七期《江苏》杂志上，刊登了一张"镇江学堂兴废表"。"兴废表"共分两部分，即"已废之私立学堂"和"现存之学堂"。

"已废之私立学堂"共列有四所学堂，分别是商务学堂、中西书馆、中西文武学馆和润州学堂。商务学堂开办于光绪二十七年（1901）正月，当年腊月即告停止，发起人为茅谦，场所在狮子街。停办的原因是经费不济。中西书馆开校在光绪二十八年（1902）正月，当年腊月停办。发起人为李恩藻等，地址在药师庵，"学生无志于学，因而经费不济"是学校停办原因。中西文武学馆同样创办于光绪二十八年（1902），当年底停办，地点位于西门大街。润州学堂创办于光绪二十九年（1903）正月，当年八月由于发起人耶稣教士赛兆祥病故而停办。该学堂位于薛家巷。赛兆祥系长期旅华的著名美国女作家赛珍珠之父。

"现存之学堂"同样列有四所学校，分别是中学堂、小学堂、城南蒙学堂和承志蒙学。在这份"兴废表"刊登时，中学堂和小学堂"新建，未开校"，发起人分别是镇江府和丹徒县，可谓是官立学校。中学堂招生60人，小学堂招生40人，地点分别位于府署西和药师庵，前者的经费来自书院拨款，后者则主要是筹捐。

城南蒙学堂也是一所官立学校，光绪二十八年（1902）八月开校，发起人为茅谦，学生数为40人，地点位于南门，主要教授国文、算学。

承志蒙学系私立学校，光绪二十九年（1903）七月开校，发起人曹秉仁。该校教授国文、英文、算学，共有学生50人。曹秉仁，名家麟，原籍南京。光绪中叶，他在京口开设祥和广货号，经理美孚煤油等业务，营业额最盛时年达九十多万两白银。在金山河附近，潘家巷东侧，曹秉仁曾建造冶心园，人们习称"曹园"。承志学堂即设于曹园之内。

新中国成立后，京口教育事业更是进入了健康发展的轨道，在普及九年制义务教育的基础上，积极打造优质教育资源，推进区域教育现代化。

办学条件和办学质量不断提高。截至 2020 年，全区现有中小学、幼儿园 61 所，其中中学 2 所、小学 14 所、特殊教育学校 1 所、民办高中 1 所、幼儿园 43 所（含民办幼儿园 21 所）；在校（园）学生 33617 人，其中民办高中生 1019 人，小学生 21672 人，初中生 1566 人，幼儿园 9281 人，特教学生 79 人。义务教育阶段学校全部建成"智慧化校园"、完成教室照明改造工程。全区先后创成全国义务教育基本均衡区、全国社区教育示范区、全国中小学校责任督学挂牌督导创新区、省学前教育改革发展示范区。

拔尖人才培养实现新的突破。建有省级"四有"好教师团队 1 个、市级"四有"好教师团队 8 个，各级各类拔尖人才共 419 人，占专任教师总数的 27.9%，其中，正高级教师 2 人、省特级教师 3 人、市学科带头人 26 人（初中 4 人、小学 20 人、幼儿园 2 人），市名校长 2 人，市级骨干教师 110 人（初中 13 人、小学 84 人、幼儿园 13 人），区级骨干 272 人（初中 40 人、小学 175 人、幼儿园 57 人），31 人成功入选镇江"金山英才"高层次领军人才培养计划，2 名教师分获"全国模范教师"和"全国优秀教学能手"称号。

随着社会经济的迅速发展，家庭收入的不断提高，生活水平的不断改善，京口城乡居民实现了从"温饱"到"小康"的跨越。

城乡居民收入水平显著提高。2008 年，全区城市居民人均可支配收入 19611 元，比 1993 年的 3348 元增加了 16263 元；农村居民人均纯收入由 1993 年的 1682 元，提高到 2008 年的 9238 元，增长了约 4.49 倍。在岗职工平均工资由 1993 年的

2940 元提高到 2008 年的 31070 元，增长了约 9.6 倍。2020 年人均可支配收入 55120 元，京口区现已不区分城镇与乡村居民人均可支配收入。

城乡居民消费结构深刻变化。2008 年城市居民人均消费支出 12584 元，农村居民人均消费支出 8102 元。城乡居民生活发生巨大变化，主要表现在六大方面。

吃饭：从满足吃饱到吃出健康。2008 年城区居民恩格尔系数为 39.9%，农村居民恩格尔系数为 37.9%，达到小康标准。

穿衣：从朴素单调到名牌时尚。2008 年，城区居民人均用于衣着方面支出 1126 元，占全部消费支出 9.2%；农民人均衣着支出 403 元，消费占比为 5.3%，穿衣已由过去单纯为了防寒、取暖，向着美化生活方面发展。

用品：从简易实用到高档享受。改革开放初期，电视机、缝纫机、手表、收音机是城区居民的奢侈品，农民家庭耐用消费品近乎没有。而目前彩电、冰箱、洗衣机、手机、电炊具、热水器等已成为一般家庭的必需品，空调、家用电脑等也大面积普及，2008 年城镇百户家庭拥有电脑 78 台、移动电话 175 部；农村百户家庭拥有电脑 60 台、移动电话 174 部，城乡差距在逐步缩小。

出行：从缓慢不畅到快速便捷。城乡居民交通通信方式产生了革命性变化，从电报、自行车到网络、机动车。2008 年城区居民每百户家庭拥有摩托车 16 辆，拥有私家车 5 辆，农村居民每百户家庭拥有摩托车 56 辆。

住房：从拥挤简陋到宽敞舒适。2008 年年末城区居民人均住房建筑面积为 34.7 平方米，比 1985 年增加了 23.5 平方米。农村居民人均住房面积 49.8 平方米，且居住质量向城镇靠齐。

娱乐：从单调枯燥到丰富多彩。2008年城区居民用于娱乐教育文化服务支出占全部消费支出的14.48%，比1984年提高6.9%；农村居民用于娱乐教育文化服务支出占全部消费支出的19.1%，比重逐年提高。

陪伴的幸福　胡荣生摄

下 编 ◎

第六章　千古漕运

中国漕运，历史悠久。根据《尚书》记载，早在舜帝统治时期，南方各州已通过船只载运，向舜帝进贡。而在漫长的封建王朝统治时期，大运河成为粮食安全运输的最主要通道。

什么是漕运呢？依据《说文解字》的注解："漕，水转谷也。"意思是，漕运是通过水路运转谷物的方式。漕运后来成了中国历史上的一项重要经济制度，除了粮食外，朝廷贡品、地方土产等均通过大运河运输。六朝以后，中国政治中心长期位于北方，南方则是经济中心。漕运制度的实施，有效地解决了南北社会资源的沟通，促进了不同地域间的交流与发展，影响深远。

地处江河交汇之处的京口，自古以来即是南来北往漕运船只的必经要道。从唐代中叶开始，大运河上的漕船往来不绝。宋元时期，在运河附近设有转般仓，即俗称的"宋元粮仓"。及至清代中叶，江南漕运进入鼎盛时期。

第一节　五口通江话古今

历史上，大运河京口段入江口曾多次迁移，故有"五口通江"之称。所谓"五口"，由西向东分别为大京口、小京口、甘露口、丹徒口和越河口。

公元前 210 年，秦始皇第五次东巡。他从关中咸阳南下荆湖云梦地区，然后由皖境进入江东，最终抵达浙江。此次东巡，秦始皇到过丹徒，并发三千赭衣徒凿断京岘山长冈。秦始皇主持实施的其实是一项重大水利工程，通过新开入江水道，疏浚河道，实现丹徒水道与太湖水系的贯通，大大地便利了南北交通。这段新开的入江水道，成为后来江南运河北段的雏形，入江口即是丹徒口。

关于甘露口的开凿年代，通常认为在东吴时期。这也就意味着，甘露口是继丹徒口之后，丹徒水道上的第二处入江口。

谈起甘露口，必须提及一段关于东吴的掌故。东汉建安十三年（208），为了抵御南下的曹操大军，孙权将将军府由吴迁至京口，并在北固山前峰建成铁瓮城。而北固山脚下的入江口，便是古运河通江口之一的甘露口。南下船只由甘露口进入运河，向南折向丁卯桥后，便可接入原来的丹徒水道。近年来，该河道遗迹已被城市考古发现。

在历史上，甘露口的位置发生过改变。东吴时期，这处入江口位于北固山东侧；唐时则另辟水道，移至北固山西侧。南宋时期，又在今江滨公园附近开甘露港。民国初年，随着江滩淤积，甘露港逐渐淤废。

大京口形成于隋代，隋炀帝贯通京杭大运河后，京口河段新辟大京口。京杭大运河共分四段，分别是永济渠、通济渠、邗沟和江南河。其中从京口到余杭的江南河是最后开凿的。据《资治通鉴》记载，江南河开凿于隋朝大业六年（610），"自京口至余杭，八百余里，广十余丈，使可通龙舟，并置驿宫、草顿"。草顿，意为临时停顿之所。隋炀帝下令开凿的江南运河可以通行龙舟，可见较为宽广，开凿标准远远超过此前历朝历代。加之运河旁筑以御道，植以柳树，甚是壮观。

　　位于大京口、甘露口之间的入江口，便是小京口。小京口形成于北宋时期。因扼守江河交汇之处，北宋时京口的地理位置十分重要。当时两浙路的各种物资运输北上，都要通过江南

京杭大运河——江河交汇处（小京口）

运河过江，入扬州真楚运河，然后再经汴河，送到京师开封。

宋太宗淳化年间，因水利设施年久失修，大运河京口段逐渐淤塞，船只无法通行，北上物资运输受阻。宋仁宗天圣年间，朝廷任命郑向为两浙转运副使，负责疏浚河道。

郑向，字公明，开封府陈留（今河南开封）人，以省元中进士甲科，历任大理寺评事、濠州知州、度支员外郎等职，累官至以龙图阁直学士知杭州，卒于任上。郑向是如何疏浚河道的呢？据《宋史·郑向传》记载，郑向"疏润州蒜山漕河抵于江，人以为便"。另据《嘉定镇江志》记载："天圣七年五月，两浙转运使言：润州新河毕工。降诏奖之。"这两条记载讲的应该是同一件事。可见郑向所疏蒜山漕河，乃是开了一条新河。润州新河修成于天圣七年（1029），工程竣工后，宋仁宗特意下诏，对郑向予以褒奖。

这条新河的走向，也就是在原来丹徒水道通向京口闸之处，重新向东北方向开凿一条入江水道。这条新开水道的入江口，就是后来人们俗称的"小京口"，即今天镇江城区古运河最北端的平政桥口。新中国成立后，随着镇江运河段实施改造，运河通江航道移至谏壁，小京口遂失去通航功能。

越河口位于谏壁，具体开凿年代不详，最迟在宋代已经形成。这是丹徒水道最东边的一处入江口。越河口河道较长，且距瓜洲已远，自古并非漕运出入之所，只是资潮水济漕而已。《光绪丹徒县志》载有丹徒镇、谏壁镇两处入江口水道的测量数据。丹徒镇入江口，由江口至横闸入运河，计三百十九丈二尺，"为一里二百七十八步有奇"；谏壁镇入江口，由江口至越河闸入运河，计一千一百七十丈零九尺，"为六里半有奇"。由此可见，越河口入江水道长度四倍于丹徒口，疏浚成本及难度自是极大。新中国成立后，丹徒水道上唯一的通江运输入口移至谏壁，这又是古人所始料未及的了。

小京口、丹徒口、谏壁口（越河口），这三处丹徒水道上仍然存在的通江口，已被列为全国重点文物保护单位，分别立碑"京杭大运河——江河交汇处"，以示保护。

第二节　滨江积贮转般仓

"靖康之变"后，宋室南迁，定都临安（今杭州），史称"南宋"。北方大片土地沦陷金人之手，南宋朝廷只能守着半壁江山。位于咽喉之地的大运河京口段更是成为南宋水运体系里最为重要的河道之一。《宋史·河渠志》云：

> 国家驻跸钱塘，纲运粮饷，仰给诸道，所系不轻。水运之程，自大江而下至镇江则入闸，经行运河，如履平地，川、广巨舰，直抵都城，盖甚便也。

镇江地处江南运河入江口，既是前线军事重镇，同时也是各路物资运送至临安的必经之地。一时之间，只见运河之上四方赋输与邮置往来、军旅征戍、商贾贸迁者，不绝于途。

由于地势高亢，大运河京口段常常水位浅涩。大量漕船到达镇江之后，难以顺利通过运河，于是只能积聚在镇江各河港，排队等待过渡口。如此一来，既浪费时间，又造成粮食消耗。绍兴七年（1137），运司向子諲"乞置仓，以转般为名，诸路纲至，即令卸纳"。向子諲的意思是，在镇江设立廪仓，以作贮藏、中转米谷之用。到了淳熙五年（1178）闰六月，即在镇江设转般仓。

设于镇江的转般仓，也就是大家俗称的"宋元粮仓"。"转般"的说法始于唐初。当时南方各地缴纳贡赋，须另出脚费，以便雇人运至洛阳。江南各州所送租粮及庸调等物北上时，常常因为汴河干浅，或者黄河水涨，导致"停滞日多，得行日少"。有鉴于此，朝廷决定在一些中转节点设置粮仓储存粮物，再伺机转运，分段递送，转达关中。"转般法"自此正式实施。"安史之乱"后，转运使刘晏更是明确，"江船不入汴，汴船不入河，河船不入渭"。分段转般运输，效果显著。

宋代在镇江设有转运司，负责征收转输本府财赋。转般仓即为转运司管理之下的专门受纳、转输米粮的仓储点。转般仓临漕河，滨长江，尽得地势之便，仓储规模不断扩大。开禧初年，镇江知府李大异增为五十四廒，约可储米六十余万石。嘉定七年（1214），镇江知府史弥坚认为，"滨江积贮，最为利济"，在修筑归水澳时，利用挖出的土方筑成转般仓的廒基，新建廒仓二十座，仓储能力提高到一百万石。若是碰上荒年，转般仓还有赈济、赈粜之用。

除了转般仓，大运河京口段附近还另外设有南仓、西仓、东北仓，即淮东总领所管理之下的"大军三仓"。淮东总领所负责掌屯驻江淮诸军钱粮。"大军三仓"的设立，不可能早于淮东总领所的设置，大约初设于南宋初绍兴年间。

南宋末年，京口转般仓粮米主要用于两淮前线军队粮饷。有鉴于此，景定元年（1260）春，宋理宗下诏赐钱五十万缗，招募工匠予以翻建，扩大规模。工程历时一年，次年春天完工。可以说，在南宋时期，大运河京口段漕运能力和水平达到了全新的高度。

根据记载，南宋末年经镇江中转至临安的漕粮，每年约为三百一十九万斛，约占全国漕粮总量的七成。依靠得天独厚的地理优势及不断提高的仓储水平，镇江逐渐成为运河沿线重要的仓储、转运中心和南北货物集散中心。位于大运河边的转般仓自创设以来，一直沿用至元代。

近年来，共有十一座宋元粮仓遗迹在城市考古中被发现。尤其是宋代仓储遗迹，为研究转般仓提供了实物证据和丰富资料。

这十一座宋元粮仓遗迹，从时代来看，跨北宋、南宋和元代三个不同的时期。其中发现的元代仓储遗迹，应该是大军仓，系在南宋转般仓基础上改置而成，"以受本路官民租粮"。其规模较之旧时转般仓，已有天壤之别。宋元粮仓遗址已被列入全国重点文物保护单位。

宋元粮仓遗址

明政府的财赋来源，仍然主要依靠南方。据史料记载，明成祖永乐末年，全国一年通过运河运送的漕粮达四百万石，其中南粮约为北粮的 4.3 倍。镇江府负责缴纳的漕粮，一年约为十万余石。虽说大运河京口段并非江南运河上的唯一通江河道，但较之常州孟渎等通江口，经此河道转运漕粮，无疑更加安全便捷。所谓"孟渎去（瓜）洲颇遥，空船可以溯流，粮艘难以涉险，则运道必出京口矣"。

为了防范沿海反清复明的军事力量，清初平定江南不久，便推行海禁。在此大背景之下，南省漕粮更是必须经京杭大运河转输北上。大运河京口段漕粮运输，进入历史上最为辉煌的时段。顺治十六年（1659），驻防镇江的镇海大将军刘之源在上疏中说："京口百川汇流，江南财赋自此挽运北输。"清人熊维岳在《漕舰乘风》一诗的诗序里写道：

> 东南运艘，必自京口北渡，每风恬波静，则升旗促发。恐中流危险，赁小船前导，鱼贯而来，帆影衔接，迅若驰驶。江干凝睇，每竟日忘倦。

这段文字虽然简略，却生动地描画出当时漕粮运输北上的壮观场面。著名诗人查慎行乘坐船只，经过大运河京口段时，留下"舳舻转粟三千里，灯火沿流一万家"的诗句。"舳舻"指船只首尾相衔，"转粟"意为漕粮运输。透过查慎行的这句诗，当年运河之上漕运繁忙、两岸商贾云集的盛景，令人追慕遥想。

第三节　千年漕运已尘封

辉煌的漕运，很快便如昙花一现。道光三十年（1850）十月初一日，洪秀全领导拜上帝会民众在广西金田村起义，太平天国运动就此爆发。

太平军占据江南，扼守大运河京口段水道，北上的漕运线由此被阻断。清政府只能将南方漕粮大部分改为银钱征收，确保军饷供给。咸丰五年（1855），黄河决口改道，大运河山东段逐渐淤废，漕粮运输更是只得改走海路。

太平天国起义被平定后，包括大运河京口段在内的江南运河，已是年久淤废。同治四年（1865），始复试行河运，筹修运道，然而由于河道阻塞，漕运不畅。同治十一年（1872），洋务派在上海设立轮船招商局。苏、松等府的漕粮自上海出海，北上运至天津，往返仅需十余天。其时漕运规模大为缩小，已呈日薄西山之势。

光绪年间，大运河京口段更是淤塞难行。虽经多次疏浚，一度恢复通行，但总体通行能力仍是不佳。加之其他河段也多淤塞不通，光绪二十六年（1900），内河漕运悉行停止。光绪三十一年（1905），清廷裁撤漕运总督；次年，裁督粮道。历时千余年的漕运制度，至此寿终正寝。

光绪三十四年（1908），沪宁铁路通车，京口交通史由此迈入铁路运输时代。据1909年《邮传部第三次统计表》，沪宁铁路开通当年，镇江所辖所有车站，客运量达405704人次；第二年增至638893人次，可见运量之大，对地方经济社会发展产生深远影响。

新中国成立以后，古老的京杭大运河重新焕发了青春。有关部门大力拓浚大运河河道，先后实施过五次重大整治。其中通过建造谏壁闸，新辟运河入江口，极大地改善了大运河水系面貌。经过多次疏浚，到1976年4月，大运河京口段已初步达到治理要求，引潮能力增强，航道条件改善。这条古老的运河，由此迎来崭新的春天。

1994年9月，该河段按国家四级航道标准进行治理，河段上建货运码头六座，停泊锚地两处。2006年，通过"四改三"航道整治，镇江"水上高速"已成为现实。

今之京杭大运河，千帆竞发，百舸争流，绚丽斑斓，风光旖旎。与此同时，伴随着古运河风光带治理，一座座仿古桥廊，跃然在古运河畔，不仅展示着深厚的运河文化，也让无数游人生发出淡淡的怀古情思。

今之京口区，市政基础设施建设同样取得令人瞩目的成就："十三五"以来，结合旧城改造，进一步优化城区路网，实施中山路综合改造（包括地面拓宽、地下连接）、解放路拓宽改造、大西路东段改造等工程，逐步将全区路网打造得更加趋于合理，极大缓解了高峰时期的交通压力；焦山路全线贯通，成为主城区东部地区又一条纵贯南北的主通道；进一步打通道路微循环，完成三中周边道路、仁章路改造；将军巷、演军巷、绿竹巷、戴家湾路东延改造均有序推进。

同时，京口区还积极开展市郊配套道路建设。一方面，完善以"江苏大学—江苏科技大学"为核心的大学园区道路网络构建，改善以学府路为主干道的园区交通构架，畅通大学园区和市中心商业区的交通脉络。另一方面，在新民洲临港产业园、京口经济开发区和谏壁索普工业片区等产业主体功能区域，建立起通往航空港、长江码头和主要干道的大容量、多车道道路交通系统，保障各生产区域原料、产品的运输和流通。

特别值得一提的是，开通不久的连镇铁路贯穿京口，成为继沪宁线、京沪线之后的又一条交通运输大动脉。

连镇铁路京口段东起谏壁街道东京村，西至谏壁街道蔡家村，涉及谏壁街道的东京村、雩北村、雩山村、蔡家村，京口经济开发区内的李华村，总长约8.1公里。

第七章　文化繁盛

京口历来乃是人文渊薮，无论是在文学还是艺术领域，均文人辈出，各领风骚，不仅产生过"京口四杰""京口三诗人"等文人团体，还孕育了《世说新语》《文心雕龙》《昭明文选》《玉台新咏》等传世名著。

新中国成立以后，京口区以推进群众文化活动、开展文化惠民工程为抓手，文化事业再攀高峰。

第一节　文人辈出多佳作

在中国文学史上，《世说新语》《文心雕龙》《昭明文选》《玉台新咏》等传世名著，与六朝时期的京口颇有渊源。

《世说新语》由临川王刘义庆组织编写。刘义庆（403—444），字季伯，系宋武帝刘裕之侄、长沙王刘道怜次子，世居京口。刘裕幼弟刘道规没有子嗣，遂将刘义庆过继为嗣子。刘义庆自幼才华出众，笃爱文学。他将陆展、何长瑜、鲍照等文学家召在身边，委以官职，探讨文学，形成一个氛围很好的文学沙龙。

《世说新语》系一部文言志人小说集，计六卷，分为德行、言语、政事、文学、方正等三十六门，记载了东汉后期到魏晋年间诸多名士的言行轶事，具有极高的文学价值和史料价值。鲁迅在《中国小说史略》里称其"记言则玄远冷峻，记行则高简瑰奇，下至缪惑，亦资一笑"。

刘义庆世居京口，《世说新语》里保留了不少六朝时期京口地方掌故。如"言语门"云："荀中郎在京口，登北固望海，云：'虽未睹三山，便自使人有凌云意。若秦、汉之君，必当褰裳濡足。'"荀中郎即荀羡，曾任徐、兖二州刺史。"企羡门"云："孟昶未达时，家在京口。尝见王恭乘高舆，被鹤氅裘。于时微雪，昶于篱间窥之，叹曰：'此真神仙中人！'"这

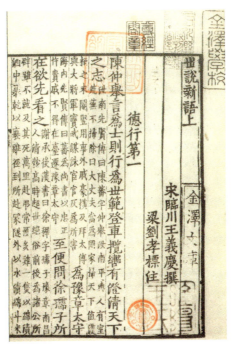

世说新语
尊经阁影刊南宋绍兴八年（1138）董弅刻本

些资料弥足珍贵。

《文心雕龙》出自刘勰之手。刘勰，字彦和，祖籍东莞莒县（今山东莒县）。永嘉南渡后，其先祖侨居京口。刘勰出生于宋明帝泰始元年（465），父亲刘尚离世很早，年幼时奉母居家读书。刘勰笃志好学，家贫不能婚娶。母亲去世后，刘勰居家守丧三年，随后只身离开京口，来到建康定林寺依僧祐居住，"与之居处，积十余年"。正是在定林寺内，刘勰写成了中国第一部古典文学理论巨著《文心雕龙》。

文心雕龙
明万历闵绳初刻五色套印本，哈佛大学汉和图书馆藏

《文心雕龙》全书共十卷五十篇，分上下两编，概括了从先秦到晋宋千余年的文学面貌，探讨了文学创作、文学批评的

基本原理和艺术方法，理论系统，结构严密，论述细致，独具匠心。书成之后，文坛领袖沈约大为赞叹，认为"深得其理"，置于案头，时加研阅。后人对其更是赞誉有加：章学诚称其"体大而虑周"；鲁迅将它与古希腊亚里士多德《诗学》相提并论；胡适认为"这两千年中只有七八部精心结构可以称作'著作'的书"，其中即包括《文心雕龙》。

《昭明文选》系我国现存最早的一部诗文总集，由昭明太子萧统组织编写。萧统系梁武帝萧衍长子，自幼聪慧，酷爱读书，两岁时即被立为太子，可惜英年早逝。

相传《昭明文选》编成于京口西南招隐山内。招隐山又名兽窟山。宋代《太平寰宇记》云："招隐山在县西南七里，梁昭明太子曾游此山读书，因名招隐山，今石案古迹犹存。"南宋陈咏《全芳备祖》云：招隐寺"方丈有阁，号增华，梁昭明选文于中"。其认为萧统组织编写《昭明文选》，即在招隐山。元《至顺镇江志·僧寺》称招隐山乃"梁昭明太子读书之所，有增华阁"。今招隐山犹存昭明太子读书台。

事实上，除了镇江外，南京、句容、常熟等地亦有昭明太子读书台。《昭明文选》是不是真的在招隐山编选而成，今已不得而知。不过，萧统曾在招隐山内读书，这一点应当确凿无疑。

《昭明文选》收录自周代至六朝梁七八百年间一百三十多位作者的诗文七百余篇，分为赋、诗、骚、诏、册、令、教、文、表、辞、序、颂、赞、箴、铭、诔、哀、碑文、墓志等诸多类别，选文严谨，历来为人所重。

昭明文选

南宋建阳刻本，日本应庆义塾图书馆藏

　　徐陵编选的《玉台新咏》，系一部汉代至南梁的诗歌总集，所选以描写男女闺情之作为主，故被称为中国第一部艳歌总集。著名汉乐府《陌上桑》及长篇叙事诗《孔雀东南飞》，得益于此书的流传而为人知晓。

　　徐陵（507—583），字孝穆，东海郡郯县（今山东郯城）人，世居京口。永嘉南渡后，郯县寄治丹徒县，徐陵之父徐摛曾出任郯县令。徐陵幼年即以诗文出名，长大后，他博览群书，学业大进。徐陵系南朝著名的宫体诗人，与庾信并称"徐庾"。徐陵另有《徐孝穆集》行世。

从六朝开始，京口地区文人辈出，在中国文学史上留下诸多灿烂篇章。

鲍照（？—466），字明远，官终参军，世称"鲍参军"。他是南朝最为杰出的诗人之一，与颜延之、谢灵运并称"元嘉三大家"。西晋末年，鲍照的先人避永嘉之乱，南渡定居丹徒县西乡京口里。鲍照出生在京口，其妹鲍令晖是著名才女。

元嘉二十六年（449）到三十年（453），始兴王刘濬镇守京口，鲍照在其幕下任侍郎，也就是掌管文书的属官。刘濬乃是宋文帝刘义隆次子。鲍照在刘濬幕下任侍郎这段时间的很多事迹，已然湮没无考。不过通过他写的诗歌，我们依然可以略知一二。《蒜山被始兴王命作》，系鲍照跟随始兴王刘濬登上蒜山后，应刘濬之命而作。在诗里，鲍照以"形胜信天府，珍宝丽皇州"来形容京口的壮丽风景，意思是京口地势险要，风景壮美，像一颗珍宝一样，镶嵌在京师建康旁边。这首诗虽是承命之作，却写得颇有气势。

鲍照幼年贫寒，他发奋读书，立志要建功立业，衣锦还乡。可走上仕途后，鲍照却是一直郁郁不得志。他虽然先后进入刘义庆、刘义季、刘濬等皇族成员的幕府，但长期担任小官吏，心情很是郁闷。元嘉二十九年（452），鲍照离开始兴王刘濬的幕府，出任永安令。仅被朝廷委任为一个小小县令，显然距离鲍照的心理预期很远。他在《瓜步山楬文》里愤愤地写道："故才之多少，不如势之多少远矣！"意思是，一个人纵然有再多的才华，也远远不如拥有一定的权势。这是对当时的世族门阀制度辛辣的讽刺。

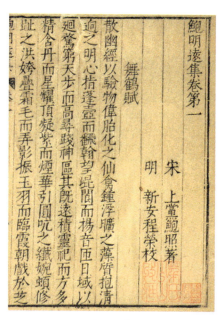

鲍明远集

鲍照著，明刻本，十卷，明新安程荣校；首有正德庚午（1510）朱应登记

　　江淹（444—505），字文通，宋州济阳考城（今河南民权）人，家于京口。江淹六岁能诗，十三岁丧父，家贫而好学。他在辞赋、诗歌方面，都取得了巨大成就。《恨赋》《别赋》乃是出自其手的传世名篇。成语"江郎才尽"说的就是江淹。中年以后，江淹官运亨通，富贵安逸的环境，使得他才思逐渐减退。一晚，江淹夜来一梦。梦中有个人自称是郭璞，他对江淹说，我有一支五色笔留在你那里已有多年，现在就请归还给我吧！于是江淹从怀中取出五色笔，交给郭璞。从此以后，江淹再也无法写出好文章。

　　刘宋末年，南徐州刺史刘景素密谋在京口举兵叛乱。当时江淹在刘景素身边担任军事参谋，同时领南东海郡郡丞，他坚决反对起兵。后来，江淹又在诗歌里暗含劝谏讽喻之意，惹得刘景素很不开心。

此时恰逢南东海郡太守陆澄父母去世，陆澄要为父母守丧。在古代，这是很重要的事情，为父母守丧，一般要长达三年。作为南东海郡郡丞，江淹便向刘景素提出，郡丞应该接替太守之位。没想到刘景素不仅委任司马柳世隆出任太守，而且将江淹贬为吴兴县令。

对汲汲于仕途的江淹来说，这次贬官，可谓不小的打击。他忍痛离开京口，离开妻子刘氏和嗷嗷待哺的幼子，赶赴吴兴上任。时隔一年，京口传来噩耗，年仅两岁的幼子江艽夭折。江淹《伤爱子赋》，正是写在江艽夭折之后。就在江艽夭折的第二年，妻子刘氏因念子情切，竟至染病身亡。对于江淹来说，这一连串的打击实在太大了。他又连写十首《悼室人》，以寄托对妻子的怀念。

"黯然销魂者，唯别而已矣!""自古皆有死，莫不饮恨而吞声!"江淹能够写出《恨赋》《别赋》这样感人肺腑的好文章，和他的这段人生经历有很大关系。江淹有《江文通文集》行世。

唐文宗太和至唐宣宗大中年间，诗人许浑曾筑别墅于丁卯桥旁，其诗集亦名《丁卯集》。丁卯桥横跨四平河，旧时系一座半圆形石拱桥。桥中

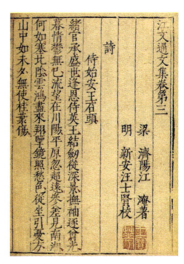

江文通文集
江淹著，明刻本，十卷

嵌"丁卯桥"石碑一方，笔力遒劲。1981年出于泄洪考虑，这座石拱桥才被拆除。

许浑，字用晦，安陆（今湖北安陆）人，少年时家居河南巩县、洛阳间，勤于诗书，学问初成。后自湖湘挈家迁居京口，购得城南丁卯涧村舍，遂定居于此。太和六年（832），许浑登进士第，任当涂尉、太平令、监察御史等职，后抱病归里。此后，许浑又任过虞部员外郎，睦、郢二州刺史等职，暮年告病返回京口，终老于丁卯村舍。

许浑像
选自明天顺七年（1463）年刊本
《润州先贤录》

许浑长于律体，其诗清正挺拔，为人称许。传世名句"山雨欲来风满楼"，即出自许浑之笔。《唐才子传》评曰："浑乐林泉，亦慷慨悲歌之士，登高怀古，已见壮心。故其格调豪丽，犹强弩初张，牙浅弦急，俱无留意耳。至今慕者极多，家家自谓得骊龙之照夜也。"

丁卯村舍地处僻乡，风景优美。后来明朝宰相杨一清亦曾筑居于此。许浑写有《夜归丁卯桥村舍》诗，云：

月凉风静夜，归客泊岩前。
桥响犬遥吠，庭空人散眠。
绿蒲低水槛，红叶半江船。

自有还家计，南湖二顷田。

这首诗为我们生动描绘了丁卯村舍的风景。诗人张祜到丁卯桥拜访许浑，称这里"小桥通野水，高树入江云"。

元代俞希鲁、青阳翼、顾观、谢震齐名一时，人称"京口四杰"。

俞希鲁，字用中，祖籍温州平阳，后迁居京口。父俞德邻，字宗大，自号太玉（一作大迁）山人，宋咸淳九年（1273）进士，入元后隐居不仕。俞希鲁系俞德邻次子，幼承家学，曾任庆元路（今浙江宁波）教授，教学中对学生循循善诱，有"俞公如洪钟，叩无不响"之誉。后任归安县丞、江山令、永康令，迁儒林郎、松江府同知。俞希鲁任职各地，颇有政绩。俞希鲁编纂的《至顺镇江志》，系元代名志。此外，他还著有《竹素钩玄》《听雨轩集》。

青阳翼，字君辅。父青阳梦炎，宋度宗咸淳年间进士，曾奉诏出使淮北迎接献土于宋的李䋄。入元后，青阳梦炎官至吏部尚书、礼部尚书、翰林学士等。青阳翼工古文，世以儒称，文行俱粹，隐居不仕。《全元文》收有其《丹徒县学记》《镇江路儒学增租记》等文。《镇江路儒学增租记》由翰林待制文林郎兼国史院编修官贡奎楷书并篆额勒石，现藏于焦山碑林。

顾观，字利宾，元末任星子县尉，遇乱流寓绍兴。善书画，喜题跋，从赵孟頫游，著有《容斋集》二卷。其所题跋的作品常自署"京口顾观"。今存宋拓本唐天宝元年（742）行书《云麾将军李秀碑》、明人仿宋米友仁本《五州烟雨图》、赵孟坚《水仙图》卷等，皆有顾观题跋或题诗。《云麾将军李秀碑》顾观跋称："甘露无二长老精于书法，知决择，购得此本。龙凤五年十月旦日，因陪中斋俞先生过方丈，披阅数四。京口顾观。""龙凤五年"（1359）为元末农民义军首领小明王韩林儿年号，"中斋俞先生"指俞希鲁。

谢震，字望云，又字起东。工古文，著有《望云稿》。《全元文》收有谢震《丹徒县学田记》一文。

入清后，京口诗坛更加繁盛。康乾年间，活跃于京口诗坛的余京、张曾、鲍皋，并称为"京口三诗人"。

余京（1664—1739），字文圻，号江干，三岁丧父，母苦节教之，十岁即博通经史，长于诗。余京晚年学益醇厚，从游者众多。"四方诗人过润州者，必造其庐。达官当路，每以余布衣一至为重。"著有《江干诗草》。

张曾，字祖武，号石帆山人，生卒年不详。其人性不偕俗，不乐举业，唯喜作诗，诗工而家益贫。性超群脱俗，放浪京口、淮扬间。曾客京师，于大学士英廉家教馆三载，因孤僻傲物而离馆南归。晚年落拓，"多吟咏于茶寮酒肆，或讴吟道上"。张曾诗风质朴，语言清新，多直抒性灵之作。著有《石帆诗集》。

鲍皋（1708—1765），字步江，号海门，系清代前期京口诗坛领袖人物。鲍皋自幼聪慧，有"奇童"之称。乾隆元年（1736），他被推荐参加清廷应试，举博学鸿词科，因病辞让。鲍皋壮岁游姑苏、武林，客淮扬间，晚年益颓放。多吟诗于茶寮酒肆，所过山川，亦多有吟咏。擅画工诗，博陵尹嘉铨赏其诗，且资助之，诗名日振。著有《海门集》《京口文献录》《笔耕录》等。

鲍氏可谓"一门风雅"，为时所称。鲍皋之妻陈蕊珠，子鲍之钟，三女鲍之兰、鲍之蕙、鲍之芬皆能诗。

宿儒沈德潜教馆京口时，与"京口三诗人"皆有交往。沈德潜曾为张曾《石帆诗集》作序，云："余于京口得交诗人三，康熙戊戌（1718）交余子江干于焦山，乾隆癸亥（1743）交鲍子步江于京师，乙丑（1745）交石帆于梦堂司马宅。""京口三诗人"之名，即出自沈德潜。

王文治写有《京口五诗人传》，以李御、程梦湘与余京、张曾、鲍皋，合称"五诗人"。

李御，字琴夫，号萝村，晚号小花山人，邑诸生。少时美风仪，服御鲜丽，望之若游闲公子，诗亦如其人。王文治官编修，召李御入京。后李御归乡，益贫，"且苦老病，常寄迹僧寺道院中"。李御所作诗甚多，可惜未能手订而卒。

程梦湘，字荆南，号衡帆，拔贡，廷试一等，拣拔湖南以知县用，历署桂阳、清泉县事。程梦湘童子时，即喜为诗，与诸子相交甚密，相与唱和无虚日。其诗以高古澄淡为宗。程梦湘性诙谐，有东方朔滑稽之风，诸名士乐与之游，诗名益震。归里后，复往来东粤，游踪益远，诗境益增。著有《松寥山馆诗钞》《粤游草》等。

清中叶以后，京口出现一批以"京江"命名的文化名人群体，其中诗坛即有"京江前七子""京江中七子""京江后七子"之谓。

嘉庆年间，丹徒诗坛以"京江前七子"诗名最盛。"前七子"指应让、吴朴、张学仁、顾鹤庆、鲍文逵、钱之鼎、王豫七位诗人。其中王豫、顾鹤庆、张学仁，亦有"京口三诗人"之称，对后世影响较大。

王豫（1768—1826），字应和，号柳村，诸生。王豫家居焦山北岸翠屏洲，这里成为"前七子"雅集之所。王豫生性好游，踪迹遍京口诸山水间。吟咏其中，不求闻达。后移居江都。道光二年（1822），江都令荐其"孝廉方正"，王豫力辞不赴。

王豫曾和阮元一起创办焦山书藏，并居焦山佛阁，历时十二年而成《国朝江苏诗征》一百八十三卷。此外，王豫著有《种竹轩诗文集》《儒行录》《王氏清录》等。其诗和平中正，高淡醇雅，有唐人遗风，不为风气所移。

张学仁，字也愚，嘉庆十二年（1807）举人。张学仁住处靠近青苔寺，读书楼遂名青苔馆。他曾做过教谕之类的学官，后以母老告养，在扬州开馆课徒。晚年任宣城训导，卒于官。著有《青苔馆集》《杜诗律》等。值得一提的是，张学仁和王豫共同编成《京江耆旧集》，颇益后学。

顾鹤庆（1766—?），字子余，号弢庵。十七岁时，顾鹤庆补弟子员，闻名乡里。他不仅诗文俱佳，亦通书画，尤善行草和画柳。顾鹤庆与京江画派翘楚张崟为莫逆之交，与张崟并称"张松顾柳"。著有《弢庵集》《天台游记》等。

清代著名诗人王鸣盛极为欣赏"前七子"诗作，他说："今阅七子诗，知其性情胸次得江山灵秀者不少，往复雒诵，不觉神于双峰缥缈间矣。不能寓之于目，而忽遇之于诗，亦厚幸哉！"

道光年间，京口诗坛以"京江中七子"为杰出代表。"中七子"，即张崇兰、杨铸、张学仲、张世清、朱士龙、施峻、赵元益。其中张崇兰、杨铸更是闻名一时。

张崇兰（1797—1856），字猗谷，一字守陔，晚号悔庐，岁贡生。张崇兰自幼聪颖过人，十岁即能成文。成年后更为刻苦向学，精心研究经学、诗词，旁及百家。曾于室内自书一联，云："学于古训乃有获；乐夫天命复奚疑。"张崇兰严于律己，待人宽厚，学问很好，曾是丹徒籍状元李承霖的老师。咸丰年间，为避太平天国战火，张崇兰移居丹徒西乡，后又迁至巨村，卒年六十岁。著有《悔庐诗文钞》等。

杨铸，字子坚，又字石瓢，生卒年不详，布衣诗人。十三四岁时，杨铸即精读《文选》，善于作诗，深得王文治赏识。杨铸性好山水，游踪遍及大江南北。道光二年（1822），琉球使臣郑宣仁等自京师入贡返程，闻其诗名，会于吴门酒楼，以海外特产换其诗归。杨铸诗作颇丰，著有《自春堂集》等。

清末，京口涌现出杨履泰、刘炳勋、刘炳奎、张正廉、解为幹、夏铭、严允升等诗人。大家常在一起聚会，品评诗文，联诗唱酬，被称为"京江后七子"。"后七子"诗文成就，以杨履泰为首。解为幹辑成《润州事迹诗钞》，颇值称道。

杨履泰（1811—1883），字子安，晚号耕心老人，道光二十年（1840）举人。杨履泰精于五经、算术，于《尚书》《周易》研究有得。在学业方面，他多得族伯杨铸传授。科考未第后，杨履泰绝意仕途，以课徒为业。光绪初年，杨履泰参修《光绪丹徒县志》，晚年进教谕职，未赴任而卒。著有《耕心书屋诗存》等。

解为幹（1820—1878），字铁如，号兰野，自称兰野山人，丹徒葛村人。解为幹性超逸，淡于仕进，以读书赋诗为乐。好远游，身不名一钱，而以一杖、一笠、一琴、一剑、一瓢、一葫芦徒步出游。其诗多豪放之作，被辑入《京江后七子诗钞》。解为幹积四十年之功，收集大量地方诗人诗作，辑成《润州事迹诗钞》。清代金坛学者殷载阳将此书与《京江耆旧集》《京口山水志》，并称为有关京口人文山水的三大奇书。

晚清是我国近现代报业的发端期，亦是京口报业的繁盛期，大量报刊在这一时期纷纷登场。晚清创办于京口的报刊，有《商务日报》《扬子江白话报》《江南日报》《镇江白话报》《兴汉报》《医学扶轮报》等。

《商务日报》《扬子江白话报》均创办于1904年，创办人分别是刘思让、杜课园。《商务日报》报馆开设于西门外，以草书闻名扬州的樊遬园曾就职于该报。《扬子江白话报》发行所位于鱼巷瑞生洋货，鱼巷文成堂书店、柴炭巷胡万昌信局另设有代派所。杜课园因在《扬子江白话报》上刊载小说《警察怪现状》，讽刺当权者，而招致牢狱之灾。

《江南日报》创办于1909年4月，创办者系被著名掌故作

江南日报
上海图书馆藏有该部分报纸

家郑逸梅称为"文坛怪物"的张丹斧。张丹斧系仪征人，乃清末民初著名报人。该报设有"镇事琐谈""文苑""京江花事""商业调查录"等栏目。

《医学扶轮报》创刊于 1910 年 10 月，由袁桂生联合镇、扬两地吴子周、陈邦贤、卜世良、陈泽等同仁共同发起，主张"灌输新学，发明旧学，造成完全之医学"。

袁桂生（1881—1941），祖籍扬州，出生于业医之家。其父袁开存、伯父袁开昌均长期悬壶京口。1909 年，袁桂生迁寓京口，在云台山下三善堂开设喉科医院，并于次年创办镇江自新医学堂。袁桂生长期行医京口，直至晚年才返回扬州。

第二节　咀英嚼华话艺苑

原刻于焦山西麓雷轰岩上的摩崖石刻《瘗鹤铭》，一般认为乃是六朝时期珍罕的艺术瑰宝。

瘗，意指埋葬。所谓"瘗鹤铭"，指埋葬仙鹤之后所写的铭文。关于《瘗鹤铭》的作者，主要有三说：一说系东晋王羲之，此说最早见于唐孙处玄《润州图经》。一说系南朝陶弘景，宋代李石《续博物志》云："陶隐居书自奇，世传画版帖及焦山下《瘗鹤铭》皆其遗迹。"一说系唐顾况，宋欧阳修《集古录》云："或云华阳真逸是顾况道号，铭其所作也。"此外，尚有王瓒、颜真卿、皮日休诸说，今未有定论。

历代书家对《瘗鹤铭》评价甚高，誉其为"大字之祖"。北宋黄庭坚认为"大字无过《瘗鹤铭》"，"其胜处乃不可名貌"；曹士冕推崇其"笔法之妙，为书家冠冕"；欧阳修认为"世以其难得，尤以为奇"；清翁方纲云："寥寥乎数十字之仪存，而兼赅上下数千年之字学。"

《瘗鹤铭》旧时因崖壁崩坍，落入水中。北宋熙宁年间，冬季水枯之时，有人搜得一石。因其字体苍劲，铭词古隽，为书家所重，椎拓传世。南宋淳熙年间，又有人访得四石，后复陷入水中。清康熙五十二年（1713），退居镇江的苏州知府陈鹏年募工，从水中捞出五方残石。连同残缺字，计九十三字，移置定慧寺。新中国成立后，《瘗鹤铭》复移置焦山碑林宝墨轩内。

刘宋年间，著名音乐家戴颙曾隐居黄鹄山，为人津津乐道。

戴颙，字仲若，谯郡铚县（今安徽濉溪）人，世居会稽剡县。父戴逵、兄戴勃，俱有隐逸高名。戴逵善琴，戴颙得其真传，"凡诸音律，皆能挥手"。刘宋初年，朝廷多次征召，戴颙辞而不就。

衡阳王刘义季镇守京口时，长史张邵与戴颙有姻亲，遂将其接来，安顿在黄鹄山。山北有竹林精舍，林涧甚美，戴颙憩于此涧。刘义季听说戴颙到了京口，急着去拜访他。戴颙依旧穿着村野粗服，不改常度。他为刘义季鼓琴，弹奏的《游弦》《广陵》《止息》等曲子，"皆与世异"。

黄鹄山，即黄鹤山，位于夹山前。山北竹林精舍，即昔日宋武帝潜龙游息之所，今之鹤林寺。鹤林寺得名，当在戴颙身后。

戴颙亦曾居于招隐山。唐李吉甫《元和郡县图志》云："兽窟山，一名招隐山，在县西南九里，即隐士戴颙之所居也。"今招隐山有听鹂山房，相传即戴颙所居之处。清周镐《京江二十四景》绘有"招隐听鹂"。招隐山旧有戴颙碑，乃

招隐听鹂
选自清代画家周镐《京江二十四景》图册，镇江博物馆藏

米芾所书。

招隐山乃南郊胜境。据史志记载，有虎跑泉、真珠泉、玉蕊亭等胜迹。北宋苏东坡咏真珠泉，有句"岩头匹练兼天净，泉底真珠溅客忙"。《京口集》有宋王琪题招隐玉蕊花诗。

磨笄山得名，相传与戴颙之女有关。《京口夹山竹林寺志》云："前宋戴颙之女曾磨笄隐于此山，誓不适人，因以得名。"

清康乾年间，京口画坛非常活跃，以迥异于时流"落笔浓重"的实景山水为艺术特点的"京江画派"逐渐形成。在这一时期，出现了著名的"京口三大家"，即蔡嘉、蒋璋、张琪。

蔡嘉（1687—1756），字松原，号雪堂，又号旅亭、朱方老民。蔡嘉"年未三十，游广陵，并以画得名"。蔡嘉工山水巨幅，人物、禽兽、草木无不曲尽形似。《扬州画舫录》称其"花卉、山石、翎毛称逸品"。现有《罂粟图扇》《大壑松云》《苍松叠翠图》《烟江叠嶂图卷》《青绿山水轴》等作品存世。

蒋璋，字璧南，号铁琴，又号京江铁翁、溉墨翁，生卒年不详。《扬州画舫录》云，蒋璋"画大幅人物与瘿瓢齐名，尤工指头。善歌，城中唱口宗之，谓'蒋派'，又呼之为'蒋胯子'"。瘿瓢指"扬州八怪"之一黄慎。据《嘉庆丹徒县志·书画》，蒋璋"善写仙佛神像，异禽怪兽，自成一家。女尺玉亦能画"。蒋璋存世作品有《张果老图轴》《献瑞图轴》《素鹅图轴》等。

张琪，号晚晴，又号晓村，生卒年不详，"伏处菰芦，以终其身"。张琪早年擅长写生花卉，中年诗思画格，俱造逸品。《嘉庆丹徒县志·书画》云，张琪"少与余江干次子林、女婿黄元绳交好，因得亲近江干，涉笔皆有诗意。晚益喜为诗，有'衣边黄堕林辞叶，杖外红沉日下山'之句，人以为诗中画也"。存世之作有《牧归图》《人物山水图轴》等。

除"京口三大家"外，康乾年间京口画坛享誉盛名者尚有鲍皋、王文治、黄鹤、蒋宗海、周曾培、周序培、潘恭寿等人。

"京江画派"艺术风格的最终形成，与一江之隔的扬州画坛有关。蔡嘉流寓广陵期间，江都老儒朱冕对其书画多有指点，蔡嘉与扬州画家高翔、汪士慎等交谊深厚。蒋璋流寓扬州后，充分吸收扬州画坛水墨写意技巧，最终形成自己的风格。黄鹤在扬州时，与郑燮、蔡嘉诸人游，画风由此深受影响。蒋宗海则肄业于扬州安定书院，后半生常寄居扬州，《扬州画苑录》列其为流寓画者。

"京江画派"真正享誉画坛，始于张崟。故张崟被视作"京江画派"开创人物。

张崟（1761—1829），字宝岩，号夕庵，画作常自题夕道人、夕庵住持、自皈依室主人、樵山外史等，世居京口。

张氏乃京口望族。其父张自坤嗜书画，精鉴赏，富收藏；其叔张若筠收藏之富，亦独步京口。张崟自小便受到很好的艺术熏陶，并得到王文治、潘恭寿等大家指点，画艺日渐精进。终其一生，张崟未参加科举，隐居不仕，中年后以鬻画为生。晚年避居南郊八公、五州诸山寺中，闭关不出往往累月。张崟交游颇广，与洪亮吉、法式善、伊秉绶等人友情笃厚。

张崟善画花卉、竹石及山水，尤善画松，有"张松"之时誉。其山水画能脱离窠臼，另辟蹊径。画风较细密，色彩雅致。有《松壑听泉图》《山海长春图》《春流出峡图》《东山草堂图》《南村图》《溪山消夏图轴》等作品传世。

与张崟同时，"京江画派"的重要画家还有顾鹤庆、潘思牧。"京江画派"后期重要画家，则有潘岐、潘圭、张深、徐体微、周镐诸人。其中特别值得一说的是周镐。

周镐，字子京，生活在嘉道年间。家甚贫，以卖画为生，故生平不见于画史。周镐绘于道光二十四年（1844）的《京江二十四景》图册，乃是"京江画派"后期诸家代表之作，在皴法、设色等方面，别出一格，历来为人称道。周镐存世之作尚有《半酒阁图》《山水堂幅》《梅花山屋图轴》等。

第三节　文化事业创佳绩

新中国成立以后，京口地区的群众文化活动蓬勃开展。

1959年，北固、迎江、云台街道办事处各设文卫科，负责组织管理所属厂队和居委会的群众文化活动。北固、迎江等街道办事处还组织了业余文工团，由街道、厂队提供经费，业余演员 10~50 人，利用小学和居委会办公室排练，在街头巷尾演出。其时，业余文工团编排的有民间特色的文艺节目《一分钟一粒米》《我想的不是你》《小女婿》等，在大华电影院、工人电影院、文化宫、市人民大会堂及近郊进行宣传演出。20 世纪 60 年代，这些文工团与市文化馆业余文工团合并。1982 年，中华路、健康路、四牌楼等街道和部分居委会成立了退休工人京剧清唱小组，自筹经费，配合人口普查、计划生育、少儿教育等进行演出。1986 年，宝塔路街道成立"老妈妈合唱团"。1987 年 10 月，创建了"京口诗社"，30 名会员集体加入江苏省诗词协会，编印《京口诗词》一辑。1988—1989 年，各街道文化站成立了业余文艺宣传队、京剧演唱组、报业剧社等。

进入 20 世纪 90 年代，各类群众性文化活动更是势头红火。如 1990 年初，全区举办"五好大院，五好家庭"演唱比赛，共分大院组和三代同堂家庭组、两代人家庭组等组别进行。2002—2003 年，京口文化馆、京口文化广场、京口美术馆、社区图书馆等十大文化项目建设启动，总投资 3500 万元。其中在江滨新村落成的社区图书馆，建筑面积 406 平方米，藏书 3 万册。2010 年"京口区获奖节目新春巡演"、"创业颂"广场文化活动巡演、"魅力京口"百场特别演出等 26 场群众文化活动先后举办。

近年来，京口区大力实施文化惠民工程，硕果累累。

2016 年，全民艺术普及活动积极开展。京口区全民艺术普及工作领导小组成立，开展全民艺术普及活动 110 场，形成区、街道（园区）、社区（村）三级联动机制，其中举办《中国交响乐名作欣赏》《舞蹈文化与审美》《音乐教育的反思》《解读美术片》等艺术讲座 15 场；古筝、古典吉他、小提琴、篆刻等艺术技能培训 53 期；举办"阳光·少年"京口区少年宫艺术教育成果展演、"未来之星"江苏省少儿才艺大赛镇江赛区比赛、东方艺术节镇江赛区古筝选拔赛等艺术展演展示活动 31 场。

2017 年，文化惠民工程全面实施。全年开展"魅力京口"广场文化活动 44 场、送戏下乡 21 场、电影放映 226 场。打造"情满京口"文化志愿服务品牌。开展慰问演出、文艺支教、文艺培训、展览展示等丰富多彩的"情满京口"志愿服务活动；民间文化志愿者社团活跃在公益慈善、城乡社会服务、科技文体等多个领域。实现民间文化志愿者社团街道全覆盖。

2018 年，"书香京口"建设工程全面提质。建成区图书馆分馆 54 家，其中街道（园区）分馆 8 家、社区分馆 46 家，实现了与市、区图书馆的通借通还。全区新增图书 80000 余册，全年先后组织举办各类全民阅读系列活动 70 余场，打造"有DU"公开课和"樊登读书时刻"阅读活动品牌。

2019 年，非遗传承成效显著。全面梳理区域内非物质文化遗产与代表性传承人，开展第二批区级非物质文化遗产保护项目评选，5 个项目被评为区级非遗项目，2 个项目入选市级非物质文化遗产扩展项目名录。建成非物质文化遗产创意基地 1 个，联合学校、街道、社区开展"致匠心——京口匠心"非遗文化普及系列活动 12 场。多项非遗项目分别亮相第二届中国（淮安）大运河文化带城市非遗大展等国家、省、市活动。

2020 年，文旅产业蓬勃发展。积极谋划实施"一圈一湾一街"夜经济发展，打响"星夜大市口"夜经济品牌。通过"京喜大市口""京夜无眠"等消费节活动，繁荣夜经济发展，点燃消费新引擎，进一步促进消费提档升级。积极推进重点文旅项目建设，全年新建、续建重点文化旅游产业项目 5 个，总投资 4.15 亿元，云时代中心项目被列入市重点文旅产业项目，星夜大市口等 2 个项目在镇江文化旅游投资合作推介会上签约。帮助 6 家企业申请 2020 年省市级文化和旅游类专项资金 300 余万元；帮助受新冠疫情影响的 15 家旅行社申请暂退旅游服务质量保证金约 350 万元；指导和推荐大禹山创意新社区申报第二批国家级文化产业示范园区创建。

第八章　科技创新

在文化艺术高速发展的同时，历史上的京口在科技方面也取得了非常不俗的成就，涌现出了祖冲之、苏颂等科学巨匠。在工商业生产中，科技水平的不断提升，极大地改进了生产工艺，促进了工商业的繁荣和发展。

"帆过京口渡，砧响石头城。"新中国成立以来，在这段不平凡的发展历程中，京口区通过开拓创新、锐意进取，科技事业正焕发出前所未有的生机与活力。

第一节　科技巨匠双子星

祖冲之和苏颂，称得上是京口科技史上的"双子星"。

祖冲之（429—500），字文远，祖籍范阳郡遒县（今河北涞水）。永嘉之乱时，祖冲之先祖很可能随祖逖一起渡江而下，定居江南。祖冲之历仕宋、齐两朝。南朝宋大明五年（461），祖冲之来到京口，在新安王、南徐州刺史刘子鸾手下任从事史，即属官。任从事史期间，祖冲之取得两项具有跨时代意义的成就，一是制定"大明历"，一是推算圆周率。

祖冲之曾上书刘宋孝武帝，指出当时使用的历法不够完善。例如原有历法将冬至这一节气固定在某一天，这样一来，每不到一百年，便会有不小的偏差。祖冲之认为应该制定新的历法，以使计年更加准确。

祖冲之制定的历法，被称为"大明历"。与以前的历法相比较，"大明历"在改进"闰法"和"岁差"方面有所突破，的确更加完善、精确。孝武帝让一些对历法很有研究的人，与祖冲之展开辩论，但都没能驳倒他。可惜的是，孝武帝不久驾崩，"大明历"没能及时推行。直到梁武帝天监年间，经过其子祖暅的修改，这一先进的历法才被正式颁行。

祖冲之推算"圆周率"，更为人称道。他将圆周率精算到小数点后面的第七位，也就是 3.1415926 和 3.1415927 之间，这在当时是非常了不起的成就。其密率被数学界称为"祖率"。

苏颂像
选自明天顺七年（1463）刊本
《润州先贤录》

苏颂（1020—1101），字子容，原籍福建路泉州同安县。苏颂后来举家迁于京口，与他青年时期为父亲寻求墓地之事有关。

宋仁宗庆历六年（1046），苏颂时年二十七岁。在朝中任职的父亲苏绅被改知河阳。不想刚至任所，苏绅意外染疾，"为医者药所误"，遂至一病不起，卒于河阳。病逝之前，苏绅留有遗言，"以泉山乡里道远，不可归，令于升、常间卜葬谋居"。升、常，即指今南京与常州。

苏绅为什么会有这样的遗言呢？据《魏公谭训》记载，数年之前，苏绅之父苏仲昌病逝，苏绅曾护枢入闽，"水陆数千里，方至闽境，数冒险难"。故苏绅对苏颂说："吾归葬失计，汝辈慎勿效。既不能免仕宦，随处葬我，乃延陵季子之志也。"延陵季子，指春秋时吴国季札。

苏绅病逝后，苏颂即护丧南归。次年春天，来到江南。在《述怀诗》"自注"里，苏颂详记其事：

> 既过京口，会故人钱起居子高作守，治馆相留。时有道人自真善山水学，从予行常、润数州，择得今青阳坟地，起乳山艮来，南走京岘，巽冈西北枝艮落，即今先公坟。术者皆言善地，遂安葬。自此谋居郡中，占丹阳为乡里。

所谓"丹阳"，即指润州。这说明苏颂葬父京口之后，即迁居于此。苏绅之墓，位于京岘山西北原。

钱子高，名彦远，系五代吴越国嗣吴越王钱倧之孙。钱子高以祠部员外郎知润州，时在庆历六年（1046）秋。不久，钱子高即被召回朝中，任右司谏。

关于这次卜葬，《魏公谭训》里另有一段记载。道士自真对苏颂说："葬后三十年，西南有楼阁，闻鼓角声，运河水入明堂。公家其兴乎！"三十年之后，正逢陈升之"以镇江节度帅扬，卜第于青阳门"，陈升之"依山建亭榭，州亦修青阳城楼"。苏氏后人每次经过先人墓地，"郡设鼓角于楼上，又宅前开沟通城外，自此运河水涨则出城外，正与坟相望"。不久，苏颂果入朝为相。《魏公谭训》系苏颂之孙苏象先记述苏颂遗训及轶事之作。苏象先不免感叹道："真亦高僧，得山水三昧，奇中甚多!"

葬毕父亲后，直至皇祐元年（1049）冬，苏颂一直居于京口，为父亲守丧。守丧期间，苏颂对民生问题有了更深入的了解。他在《润州州宅后亭记》一文里写道："吴楚之俗，大抵信吉祥而重淫祀。润介其间，又益甚焉。民病且忧，不先医而先巫。"润人信巫祝，惑鬼怪，由来已久。唐代名相李德裕出镇润州时，即大举革除旧弊。北宋年间，此风依旧，正所谓积弊难除。

守丧期满，苏颂出任南京留守推官，其后入朝任馆阁校勘、集贤校理等职。王安石主持变法时，苏颂在朝中任知制诰。在职权范围内，苏颂积极协助王安石开展变革。可熙宁三年（1070）发生的"三舍人事件"，却使苏颂无端成为新法反对派，遭到贬官。

王安石主持变法，反对意见很多。王安石有个学生，名叫李定，从秀州入朝。他在宋神宗面前极言民间实施"青苗法"之利。宋神宗大悦，任命李定为监察御史里行。苏颂、宋敏求、李大临皆认为李定不符合任职条件，拒绝起草授官诏书。宋神宗大怒，将三人撤职。此事前后历时一个多月，人称"三舍人事件"。数年之后，苏颂才被召还入朝。

元丰七年（1084）六月，在朝中任光禄大夫、吏部侍郎的苏颂，遭遇母亲陈夫人之丧。据《宋史·苏颂传》记载，宋神宗闻讯后，"遣中贵人唁劳，赐白金千两"。苏颂"以忧去官"，葬母丹徒。

九月，连遭贬官的苏轼从黄州赴汝州上任。他前往京口，吊陈夫人之丧，并作陈夫人挽词。苏颂与苏轼同出一家，惺惺相惜。元丰二年（1079），苏轼以"乌台诗案"入狱之时，苏颂亦遭谗，被羁押于狱中。苏颂居"三院东阁"，而苏轼在"知杂南庑"。虽仅一墙之隔，可却"不得通音息"。苏颂遂写下四首诗，"以为异日相遇，一噱之资耳"。其中最后一首诗末句云："他日得归江海去，相期来访蒜山东。"相期大家退隐田园之后，相会于蒜山。

丁忧三年，苏颂大部分时间住在隔江的维扬。京口、维扬隔江相望，苏颂按时回京口拜祭先人，十分便利。

元丰八年（1085）三月，宋神宗驾崩，宋哲宗继位。宋哲宗年仅十岁，遂由太皇太后高氏摄政。高太后素来对新法不满，摄政之后，起用司马光、吕公著等反对派，尽废新法，史称"元祐更化"。苏颂因"三舍人事件"曾遭到迫害，故被高太后视作新法反对派。丁忧期满，苏颂即入朝，任刑部尚书。其后又任吏部尚书、尚书左丞，元祐七年（1092），升为宰相。

任尚书左丞后，苏颂"请于朝，以润之因胜院为坟寺，且乞以'因胜报亲禅院'为额"。得到朝廷同意后，"仍以旧住持人道澄主之"。

元祐四年（1089），苏颂年满七十岁。从此年起，苏颂多次上表乞致仕，希望能够退仕还乡，但都未被同意。元祐八年（1093），高太后驾崩，宋哲宗亲政。为了照顾年迈的苏颂，宋哲宗特意任命他为扬州知州。扬州与润州仅一江之隔，正是苏颂所愿。

知扬期间，苏颂多次上表请求致仕，未被批准。绍圣二年（1095），苏颂三次上书，以"老疾"之故殷殷求退。宋哲宗遂下诏，授苏颂中太一宫使，许任便居住。于是苏颂回到魂牵梦萦的京口。直到绍圣四年（1097），苏颂才等来宋哲宗同意其致仕的诏书。

元符三年（1100）正月，宋哲宗驾崩，宋徽宗即位。次年五月二十日，苏颂病逝，年八十二。据其"墓志铭"载："前薨一日，犹接对宾客，临终神色不乱。"此时，正巧苏轼遇朝廷大赦，从岭南北返。六月十二日，苏轼渡江过京口，病中的他命幼子苏过为苏颂奔丧，召僧徒荐之，作功德疏。

苏颂葬于丹徒县义理乡安乐亭五州山之东北阜。这位撰有《本草图经》《新仪象法要》等科技巨著的一代贤臣，得以魂归故里。

苏颂所学庞杂，于经史九流、百家之说，乃至算法、地志、山经、本草、训诂、律吕等无所不通。苏颂最突出的贡献是在科学技术方面，他制造了世界上最古老的天文钟"水运仪象台"，开启近代钟表擒纵器的先河。英国近代学者李约瑟赞誉其为"中国古代和中世纪最伟大的博物学家和科学家之一"。

第二节　奇玩异珍多巧匠

东吴时期，伴随着科技的发展，京口的冶炼、造船、纺织等手工业，均得到长足发展。其中尤以"京口铜镜"最为著名。

日本岛根县神原社古坟曾出土一枚古铜镜，铸有神像和兽形，很是精美。铭文略云："景初三年，陈是作镜，自有经述，本是京师。"以此可知，这枚铜镜系镜师陈氏东渡日本后所作。景初系魏明帝曹叡年号，景初三年为公元239年。据考古专家王仲殊考证，这枚铜镜"不是中国的魏镜，也不是中国的吴镜，而是东渡的吴的工匠在日本所作"。王仲殊继而进一步考证，认为"京师"指吴的京城的镜师，吴的京城即系京口。

近年来，京口地区多座东吴墓葬出土有对置式神兽镜、环状乳神兽镜、画文带环状乳神兽镜等各种吴镜，进一步印证王仲殊考证结论的准确无误。这枚匠师陈氏所铸铜镜，既表现了京口铜镜高超的制造工艺，同时也是六朝时期京口地区对外交往的实物见证。

六朝时期，京口经济进一步繁荣，造船业、铸钱业、冶炼业等手工业迈上新台阶，其中尤以生产高等级青瓷著称于世。

在跑马山、阳彭山、象山等地发现的多座六朝墓葬，皆出土多件青瓷，器形极为丰富。出土青瓷品种有碗、钵、壶、盂、罐、熏、杯、盒、盘、盆、盏、虎子、烛台等，其中包括专为随葬而烧制的人俑、动物俑、猪圈、鸡笼、魂瓶等青瓷明器。

在生产工艺上，青釉色调趋于晶莹明亮，并出现了釉下彩装饰。除了青釉，此时还开始生产黑釉瓷器。青瓷造型和装饰

六朝墓出土铜镜

深受佛教艺术影响，多使用莲花纹、忍冬草纹、菩提叶纹及人、兽形象等。

京口地区的金、银器生产，在唐代盛极一时，经常成为朝廷"索贡"之物。

李德裕初镇润州期间，唐敬宗曾下诏，令浙西"造银盝子妆具二十事进内"。盝子乃是一种小型妆具，通常用来盛放香器或珠宝。仅此一项，需用银一万三千两、金一百三十两。就在一年前，唐穆宗驾崩前曾下诏浙西造银盝子进奉，共用银九千四百余两。李德裕"诸头收市"，方才交差。

这次接到唐敬宗诏令，李德裕勉力筹银一千三百两，打造了两件银盝子，送呈唐敬宗。此外，他给唐敬宗写了道奏章，说明浙西诸州财力不济，请求免除进奉。李德裕上此奏章的深意，是劝谏唐敬宗爱惜民力。

京口的金银器制造技术，在当时首屈一指，代表了唐代金银器制造的最高水平。1960年，北固山甘露寺铁塔地宫出土一批银椁、金棺，皆系李德裕出镇润州时瘗藏旧物。这批金银器制造和雕刻得极其精美。其中禅众寺石函中的舍利银椁，前面

长干寺舍利金棺
甘露寺铁塔地宫出土，镇江博物馆藏

设计成门扉形，盖上刻行云飞鹤纹，两侧面钤刻宝相花纹和迦陵频伽。长干寺舍利金棺除底部外，通体饰以鱼子纹，盖顶另刻三只仙鹤，于云海缥缈间振翅高飞。这

批金银器堪称唐代金银器中的珍品。

除金银器外，京口亦是铜器进贡之地。《新唐书·地理志》载，润州土贡有"伏牛山铜器"。伏牛山即今金山。《舆地纪胜》云，伏牛山"即金山，唐亦谓之伏牛山"。清《嘉庆丹徒县志·山水》云："古铸镜必于江海之上，故镜背多波浪水藻鱼鸟之纹。唐时铸镜于此山。"伏牛山所铸铜镜，被称为"江心镜"。

长庆四年（824）九月，唐敬宗再次下诏，令浙西进奉缭绫一千匹。"京口绫"，在唐时乃是贡品。所谓绫，乃是用本色起花的丝织物。唐代以绫为贵，官服必用绫。京口所产之绫，品种繁多，有水纹绫、方纹绫、鱼口绫、绣叶绫、花纹绫等。韩滉镇守润州时，亦"遣使献绫罗四十担诣行在"。

宋元时期，随着手工业水平的提高，京口地区的金银器皿制作趋于社会化、商品化，器物多精巧雅致，通过运用锤鍱、錾刻、镂雕、铸造、焊接等技法，不断提升艺术风格。小型饰件纹样丰富多彩，实用和美观兼备。

宋元时，京口造船业、矿冶业、制茶业、纺织业、酿酒业等，都取得了长足发展。城内西坞街、东坞街之名，即与造船业有关。宋代斗茶风盛，近年来出土瓷器里茶具占有一定比例。1978年谏壁砖瓦厂北宋墓出土景德镇窑青白釉刻花莲瓣纹执壶、温碗，即系饮具。

1976年，城内骆驼岭出土一组五件红陶泥塑童戏像，五个孩童形态各异，或蹲坐，或拱立，或匍匐向前，或倒地仰卧，憨态可掬，栩栩如生。像身有"吴郡包成祖""平江包成祖""平江孙荣"等楷书阴文戳记，吴郡、平江均指苏州，包成祖、孙荣应系捏塑名匠。

红陶泥塑童戏像
骆驼岭宋代遗址出土，镇江博物馆藏

第三节　惟进取也故日新

新中国成立以来，京口区通过科技创新，不断提升区域的综合竞争能力，较好地发挥了高校科教资源优势、企业生产市场资源优势和政府政策性资源优势，为全区经济社会发展提供有力的科技支撑。

京口目前已形成六大产业板块。以爱励铝业、鼎胜新材为引领的航天航空新材料产业蓬勃发展；以鼎盛重工、宝京汽车、惠通集团等为代表的一批装备制造业产业发展迅猛；以易乐、名通为代表的网络文化产业呈现爆发式增长，网页游戏开服数位居全国前列；以中国中小企业产业园、互联网创新创业产业园等为代表的电子商务、信息服务类载体加速提升；以中林（镇江）生态产业城为代表的木材加工贸易产业发展势头强劲；以中储粮为代表的粮油加工仓储产业国内领先。

近年来，京口区科技工作紧紧围绕高质量发展要求，取得了一定成效。京口区是首批国家知识产权强区工程示范区和省级科技创新试点区；连续两年进入"全国科技创新百强区"；创建了众创集聚区和众创社区备案试点；打造了1个国家级、5个省级科技孵化载体。规模以上工业企业中有研发机构的企业数占比71%，万人发明专利拥有量达136件，位居全国前列。

目前，京口区70%以上的企业都与江苏大学、江苏科技大学有着良好的产学研合作关系，形成了一批科技成果产业化项目，全区有10余家企业与高校合作共同承担过省成果转化项目。辖区内高校江苏大学在全国高校中率先成立知识产权中心，江苏科技大学成立了"中国船舶与海洋工程产业知识产权联盟"。京口区与江苏大学共建新型研发机构新一代信息技术产业研究院；江苏大学与鼎胜新材合作，研发的新一代动力锂电池用高性能铝箔/薄板的绿色制造技术被列为市重大科技专项，鼎胜新材获评"中国铝箔材十强企业"第一名和江苏省"质量标杆"。2017年，海龙核科的"核反应堆乏燃料贮运用中子吸收板研发与产业化"技术获"中国好技术"全国二等奖（全省最高奖项）。名通信息获2018年省科学技术奖三等奖，日泰生物、中船绿洲2家企业分别获得2019年省科学技术奖二等奖和三等奖。惠通集团获国家专利优秀奖、省专利金奖。

云时代创新中心的建设开园，值得特别一说。

2020年10月30日，随着镇江·云时代创新中心的开园，京口乃至镇江市数字文创产业集聚发展迎来了新的春天。

镇江市的网游产业曾经很有作为，有过自己的高光时刻：2013年全国网页游戏研发地区排名中，镇江市仅次于广州、深圳，位居全国第 3；2014 年全国页游研发开服数量地区排名中，镇江市位列全国第 4 名。成绩来之不易，而当时镇江市仅仅只有江苏名通、江苏易乐、镇江微端网络三家游戏公司，大企业数量少，产业没有形成集聚，成为困扰镇江游戏行业发展的瓶颈。

园区的落地与京口区可谓是"一拍即合"。适逢京口区大力发展数字互娱、网游动漫产业，打造城市经济新增长点的典型，加上正东路街道得天独厚的地理优势、人才优势、街道产业发展定位，云时代创新中心落户京口也就成了顺理成章的事。

云时代创新中心数字文创产业园项目于 2020 年 5 月 14 日竣工交付，总投资 2.3 亿元。目前，已招引落户泰邑广告、阡陌信息、奇天乐地、多游网络、智融高科等移动互联网、动漫游戏、新媒体企业 20 余家。不久的将来，这里将成为镇江市数字文创产业集聚、产才融合、创业创新的标杆园区。

第九章　商埠重镇

京口自古以来即是商埠重镇。早在六朝时期，这里就出现了集市，并开始了对外贸易。进入唐宋以后，京口城市井繁华，更是盛极一时。特别是绿水桥、千秋桥一带，酒楼林立，旗招飘展，引来无数文人墨客在此雅集。

新中国成立后，京口商业发展步入了全新的阶段。特别是近年来，以楼宇经济为代表，京口商业奏响新乐章。从镇江新地标——苏宁广场到新打造的 2.5 次产业园区——智汇科技中心，一栋栋现代化的商业楼宇，串起城市最美天际线，奏响这座千年古城现代城市经济高质量发展的精彩乐章。

第一节　大市小市谱佳话

据《资治通鉴》记载，南朝梁普通六年（525）十月，萧纶任南徐州刺史，治所在京口。萧纶乃是梁武帝萧衍的第六子。

在刺史任上，萧纶喜怒无常，肆行非法。他"遨游市里，杂于厮隶"，尝问卖黄鳝者："刺史何如？"意思是，刺史这个人怎么样？卖鳝者并不知道眼前之人就是南徐州刺史，据实答道："躁虐。"萧纶大怒，逼这个人将活黄鳝吞下肚，活活将他折磨致死。还有一次，萧纶在路上遇到出殡的队伍，他硬是将孝子的衣服剥下，穿在自己身上，匍匐嚎叫。遇上这样的刺史，"百姓惶骇，道路以目"。

京口城古有大市、小市。通过上述这段记载，可知六朝时期京口已有市。1993年小市口考古发掘，发现六朝文化堆积及南朝夯土墙遗迹，出土南朝青瓷莲花纹盘、泥质黑陶双耳罐等。此处当即六朝京口所置之市。

大市设置迟于小市。1931年镇江市中心出土北宋淳化三年（992）《朱方新砌十字市街碑》及《润州砌大市砖街会首施主名录碑》，可见宋初已有大市。大市的形成很可能在唐代。

十字市街碑

关于大市，有两则历史掌故值得一说。

一则与浙西观察使、润州刺史李德裕有关。宝历二年（826）初，镇守润州的李德裕在蒜山渡发现一桩怪事，每天都有几十名百姓从两浙、福建各地赶来，经此渡江，前往亳州。原来，那里传出谣言，称有圣水，"饮之者愈疾"。这本是"妖僧诳惑，狡计丐钱"，可数月以来，"江南之人，奔走塞路，每三二十家，都顾一人取水"。取水之前，患者"断食荤血"；喝了圣水后，"又二七日蔬飧"。病非但没治好，却变得更重了。如此一来，"其水斗价三贯"。李德裕一方面在蒜山渡派士兵劝止百姓渡江，另一方面上书唐敬宗，请求朝廷诏令当地汴亳观察使令狐楚填塞水源。

据《唐语林》记载，为了让百姓相信圣水治病乃是骗局，李德裕于大市置一大锅，锅内放入圣水，然后再取来五斤猪肉，放进锅里去煮。李德裕说："若圣水也，肉当如故。"不久，肉就被煮熟了。自此之后，人心稍定，大家才逐渐相信所谓圣水是假的。

早在李德裕上奏此事前，令狐楚即已上书敬宗，言称亳州圣水可以治病。此时裴度刚刚入相。裴度乃唐代名相，他对此事的看法和李德裕一样，认为"妖由人兴，水不自作"。在裴度的支持下，这起荒诞的"圣水治病"事件最终宣告平息。

另一则掌故和宰相路随有关。路随和李德裕是儿女亲家，李德裕之女嫁给了路随的儿子。当时有人在唐文宗面前诬陷李德裕，声称李德裕当年贿赂漳王李凑的傅姆杜秋娘，意图结交漳王，图谋不轨。朝堂之上，路随出面力保李德裕，唐文宗才没有深究此事，不过李德裕仍被贬为袁州刺史，接替他任润州刺史的正是路随。

对于京口，路随是再熟悉不过了。多年以前，浙西观察使、润州刺史李锜镇守京口的时候，路随担任过润州参军。参军是"参军事"的意思，官阶比较低，很多文士初次当官，都担任这个职务。根据史料记载，任润州参军期间，路随不知道因为什么事，得罪了李锜，结果遭到李锜的羞辱。李锜是怎么羞辱他的呢？李锜让他去"知市事"，也就是去当个管理市场的小官。可让李锜没有想到的是，到了集市，路随悠闲自得地坐在市中，丝毫不以为意。因为这件小事，路随一时间声名大振。

当年担任润州参军的时候，路随还是血气方刚的青年。这次从长安动身前往京口时，路随已届花甲之年，垂垂老矣。遭到小人排挤，一路上，路随心情很是沉重。加之舟车劳顿，路途十分辛苦，眼看船快到京口了，没想到，路随却病逝了。

京杭大运河开凿后，地处黄金十字水道的京口，手工业、商业及交通运输业日趋发达。宋高宗南渡后，更是掀开全新的发展篇章。

马可·波罗在《马可·波罗游记》一书里，对京口城有过描述。他说，这里的居民以工商业维持生活，都很富裕，他们织造绸缎和布匹，狩猎活动也很盛行，各种食物极其丰富。由此可见，当时这里的百姓生活相当富庶。

宋元时期，因优越的地理位置，京口的对外交流日趋活跃，物资极为丰富。近年来的考古发现，以宋代瓷器数量最多，器类涉及碗、碟、盏、盂、瓶、执壶等各类生活、文化用品，产地来自河北定窑、江西景德镇窑、福建建窑、江西吉州窑、陕西耀州窑、江南宜兴窑等各大窑口，可见商品流通之广。

京口城市井繁华，盛极一时。北宋僧人仲殊在《京口怀古》里有"万岁楼边谁唱月，千秋桥上自吹箫"之句，描摹出昔日千秋桥头、万岁楼边的繁荣景象。千秋桥横跨古运河，早在唐代周边即是热闹之所在。大才子杜牧在诗里留下"青苔寺里无马迹，绿水桥边多酒楼"这样的句子。"青苔寺"系旧时"八大寺"之一，地近绿水桥。而绿水桥距千秋桥不远。可见唐时那里已是酒楼林立，极是热闹。

元代郭畀著有《云山日记》，乃是研究京口社会文化的重要乡邦文献。日记里提到京口城内蔡市桥纸铺、千秋桥陈书铺、郎二哥药店、孟宅染织坊、万和店、王二米铺等店铺名，反映出城市商品经济的繁荣景象。

南宋《嘉定镇江志》卷二《城坊》里有一段记载，从中京口市井繁华可略窥一斑：

城内有七坊：曰崇德，曰践教，曰静宁，曰化隆，曰还仁，曰临津，曰太平，皆仍故号。其巷名，则有吴司马巷，有顾著作巷，有车尚书宅巷，刘太尉宅巷，与所谓刁家、丰家、焦家、葛家、洪家、严家、车家、步家，皆随姓氏称之。其余则有隆巷、长巷、夹道巷、递铺巷、上河下河巷、大井小井巷、南瓦子巷、北瓦子巷、石砫桥巷。以至城隍、火袄，则因祠庙；清风、东海，则因城门；榷务、税务则因务；教场、船场则因场；燕醑则因楼；萧闲则因堂。或因僧寺，或因军营。又有因居人所鬻之物，猥以为名，凡八十余处。

第二节　商业繁盛五大业

明朝中后期，资本主义已在京口悄然萌芽。据《花村谈往》记载，明正统年间，无锡人华麟祥（号海月）来到京口，以开馆授徒为生。很快，华麟祥就发现了商机：

时京口地无红菱，使馆僮兴贩于锡之菰渎，即海月本居地。六七日往来，利可十倍。又于馆政暇，纵步金山江口，同牙行人等商南北货物之翔沉，亿则屡中，意念勃如也。

所谓"牙行"，指的是在市场上为买卖双方说合、介绍交易，并抽取佣金的商行或中间商人。后来，华海月通过贩货，仅用二百两银子，就发了几百万银子的财。华海月的"商界传奇"，是明清时期资本主义萌芽的生动写照。

晚清时，随着镇江开埠通商，京口经济更是迈入了繁盛时期，以江广业、江绸业、木材业、绸布业、钱庄业最为时人所称著，被称为"五大业"。

江广业是南北杂货业及油麻糖香业的总称。京口地处南北要冲，晚清时水陆交通更加便捷，遂成南北杂货及油麻糖香贸易之所。江广业最主要经营糖和北货，次则洪油与麻、香、南货等。光绪三十二年（1906）前后，北货年销售量合纹银2000万两，其中出口占一半以上；糖年销量达27000万斤以上。

京口素以出产"京江绸"闻名，手工作坊遍布城乡，主要生产线绸、缣丝、官纱、塔夫绸4个品种，一度销往海外。晚清，因"京江绸"生产流通而出现的江绸业达到鼎盛期，年销量达 26 万匹左右，约合金银 450 万两。从事收购、销售江绸的绸庄、绸号，资金最为雄厚的有陶、毛、陈、蔡四家。赵曾望《宛言》云："吾乡线园之制线者众矣，或乘细雨，或乘多露，而后气色乃妍焉。"生动记述了众多作坊主利用天气变化提高江绸品质的做法。

早在道光以前，京口就有从皖南山区贩木来售的徽州帮和从临江贩木东运的江西帮。同治四年（1865），镇江被辟为商埠后，南来北往的货船和粮米帮船会集鲇鱼套，单是购买木材这项交易，就要占全部营业额的十分之三四。光绪十年（1884）前后，到京口贩运木材最多的是临江帮、湖南帮和湖北帮，其中湖北帮又被称为汉帮。

鸦片战争前，京口绸布业以销售苏杭绸缎、本地江绸，以及苏州、松江、常熟等地布匹为主。鸦片战争以后，随着上海开埠，很多绸布店纷纷到上海贩售洋货。洋货呢绒、布匹销路日广，品种也愈来愈多，销售地区遍及山东、河南、安徽等地。

钱庄业被称为"百业之首"。钱庄亦称"银号"。光绪十七年（1891），镇江钱业公所成立。至光绪三十二年（1906），钱庄发展到三十余家。放款对象除江苏本地外，远及安徽、山东、河南、湖北等省份，放款金额最高时达 1500 万两以上。

银行亦于此时入驻京口。光绪二十年（1894），香港汇丰银行和华俄道胜银行在城内分别设立代理处和代理行。光绪三十二年（1906），大清户部银行在东坞街开业，宣统三年（1911）改称大清银行，不久银行闭歇。光绪三十三年（1907），信义银行开业，宣统元年（1909）因挤兑倒闭。

由于交通便捷，南北各省米粮及土特产皆在京口集散、贸易，同治五年（1866），米业公所在镇江成立，这里一跃成为长江下游唯一的大米市。柳诒徵在遗稿《记镇江开米市及苏州兵变事》中称："镇江故有米市，广潮商人及钓卫、沙网各帮，均萃于镇，轮帆迭运，为商业之大宗。"镇江米粮业迎来最为辉煌的历史时期。

光绪八年（1882），重臣李鸿章为了自己家族和乡里之利，借口控制私运，下令强行将镇江米市移往芜湖。从此，镇江米粮交易一蹶不振。辛亥革命后，地方人士虽曾多次要求迁回米市，但终未成功。芜湖米市，因此一跃而成全国四大米市之首。柳诒徵在遗稿中痛心地说："移米市于芜湖，于是镇地商业，遂有一落千丈之势……芜市遂一成而不返。"

随着市面的繁荣，旅馆、浴室、茶坊、酒楼、戏园等服务业日趋兴盛。地处天主街中段的京江第一楼系一家著名茶楼。此楼原有楹联一副，云："大江东去；淮海南来。"后来这里设立了书坊，原联被改成了长联，云："酒后高歌，听一曲铁板铜琶，唱大江东去；茶边话旧，看几许星轺露冕，从淮海南来。"吴趼人的小说《糊涂世界》写到了这座酒楼。城内街头出现品芳、美丽等西餐馆，常年座无虚席。戏园可谓遍及大街小巷，较知名者有同乐戏园、群仙戏园、荣桂戏园、康乐戏园等。有些茶馆日常也演戏剧，往往被称为茶园，如金桂茶园、荣华茶园、同庆茶园等。

创立于道光二十年（1840）的"朱恒顺糟坊"，在晚清京口工商业发展史上占据着相当地位。"朱恒顺糟坊"即今恒顺酱醋厂前身，创建人系丹徒县辛丰镇西彪村人朱兆怀。

朱兆怀祖辈主要经营铁炭行。某年，有个山西客人运来大批铁和炭，委托朱氏代为出售，未料该客去山西运货一去不

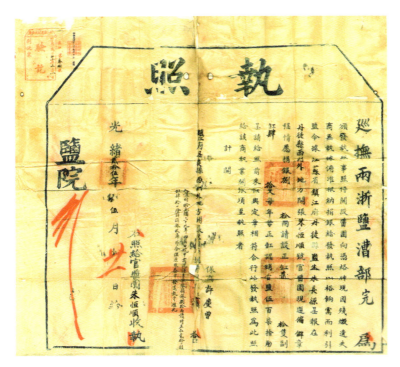

清末恒顺营业执照
光绪二十五年（1899）巡抚两浙盐漕部颁发，镇江市档案馆藏。

返。朱氏毫不费力因此致富。发财后，朱氏后代在镇江附近开设企业。单在扬州就设有七个布店、两个酱园店，故在扬州有"朱半城"之说。

恒顺糟坊地处京口城西门外，初期所产乃百花酒。其特酿的百花酒作为贡品，连京城人也为之倾倒，位于京城的镇江会馆竟因此改名"百花会馆"。随着百花酒产量直线上升，酒糟处理成为一大问题。道光三十年（1850），恒顺糟坊开始利用酒糟加入谷壳发酵，酿制香醋。光绪十九年（1893），恒顺糟坊更名为"朱恒顺酱醋糟坊"。光绪二十五年（1899），巡抚两浙盐漕部颁发朱恒顺官酱园执照。至宣统三年（1911），朱恒顺的业务极是兴旺，年产百花酒约 210 吨、醋 110 吨、酱 220 吨，并自设门市经销。1909 年的"南洋劝业会"上，朱恒顺官酱园酿制的香醋和百花酒分别荣获金牌和银牌奖章。

朱恒顺官酱园的开设，带动了京口酱园产业发展。光绪二十六年（1900），巡抚两浙盐漕部颁发涌茂祥官酱园执照，光绪三十二年（1906）又颁发朱恒源官酱园执照。前者开设于西门外，后者开设于西门大街。

宣统三年（1911），"恒顺"传到第三代朱小山手中，其经营渐走下坡，甚至难以维系。1926 年 5 月，朱小山以 38000 元将"恒顺"盘给浙江镇海人李皋宇。在李皋宇的经营下，"恒顺"步入创设以来的鼎盛时期。抗战胜利后，李皋宇长子李友芳在危难之际接管"恒顺"。新中国成立后，李友芳积极支持公私合营改造，"恒顺"成为镇江第一家公私合营企业。

第三节　打造产业新地标

京口区作为镇江市主城区，如何提高主城区首位度、破解土地资源瓶颈制约、提高亩均使用效率，一直是京口区近年来经济工作的重点课题。

数据显示，"十三五"期间，京口区累计实现利用外资 2.8 亿美元，年均增长 9.6%；累计进出口总额 72.5 亿美元，年均增长 6.7%；培育年进出口总额超 2000 万美元企业 3 家，其中进出口总额超亿美元企业 1 家。外经、服务外包工作不断突破，鼎胜新材境外投资项目成为全区标杆，累计完成境外投资超 2000 万美元；累计实现服务外包执行总额超过 21 亿美元，年均增长 10%以上，连续 3 年在省级服务外包示范区综合评价中保持争先进位，"船舶设计研发""动漫网游设计"两大业态集聚效应不断提升。社会消费品零售总额年均增长 6%以上，总量、增幅始终位于全市前列。

服务外包产业正逐步成为京口区的优势产业。2016 年至 2020 年，全区每年在省级服务外包示范区考评中位次均在全省靠前。现代造船通过镇江市服务外包公共信息技术服务平台认定，并首次获得省级专项扶持。傲游网络科技公司立足加速成长期的人才、资金优势，不断开拓创新，研发服务外包在国际市场竞争力进一步提升。首批获评的市级"船舶设计研发"和"动漫网游设计"两大特色服务外包集聚区，占全区服务外包总额贡献的 70%，成为服务外包示范城市建设的主力军。

在 2020 年度省级服务外包示范区年度综合考评中，京口区列全省 47 家示范区第 13 位，上升 1 位；列苏南 31 家示范区第 10 位，上升 3 位，连续三年保持争先进位，为镇江服务外包国家级示范城市建设做出巨大贡献。

"十三五"期间，京口区货物进出口充分体现了高质量转型的态势，一般贸易进出口占进出口总额比重始终保持在 91%以上，中林、中储粮两大央企项目的支撑功不可没。中林镇江公司一直以解放思想为引领，切实做好进口木材这篇大文章，继跻身全国十大木业港行列后，2019 年又跃上了全国单个港口单月接卸量第一的"宝座"。随着"港产城"融合发展的进一步深化，木材初加工、精深加工企业将进一步集聚，未来公司进口额还将有大幅增长的空间。中储粮镇江公司沉着应对中美贸易战冲击，转变思路，开拓创新，积极转战南美、加拿大等新兴市场，"十三五"期间，大豆自营进口额一直保持较高水平。

商贸流通业态升级提内涵。苏宁广场、八佰伴等成功创成"省级绿色商场"。其中，苏宁广场顺利通过商务部绿色商场现场考评，成为镇江市第一家获得"国家级绿色商场"称号的大型商业综合体，为全区商贸业转型提质再树标杆。同时，全区还在高效率推进"互联网+社区商业"布局，苏宁极物、九森零售等新零售平台正积极培育，不断催生消费新热点。

市场建设勇于创新解难题。京口区高标准完成了中南御锦城、孔雀城、尚海茗苑、滨东、桃花坞、丹凤6家菜市场的建设改造任务，逐步积累出市场化、连锁化、专业化运营公益性菜市场新经验，以新模式服务旧传统、新业态改造老市场、新零售促进新消费，实施统一管理、统一采购、统一配送、统一运营发展战略，推动市场软硬件同步提升。

风乍起，吹皱一池春水。在这股涌动的激流之中，"楼宇经济"成为京口区商业发展的最大亮点。2017年下半年开始，区委、区政府明确提出盘活闲置楼宇、向楼宇要效益的发展思路，打造"立起来的开发区"，通过做大规模、做优产业、做强特色、做精服务，使楼宇经济成为城市经济的重要增长极，并把数字经济作为全区"1+4"主导产业重点发展，一栋栋楼宇成为"柱状经济"发展的新载体。三年多来，京口盘活各类楼宇闲置面积24万平方米，年税收超万元楼宇18幢，成功打造了多个发展定位明确、产业集聚度高的特色楼宇。

京口区先后三次对全区楼宇进行拉网式摸底调研。根据调研，全区500平方米以上的楼宇有185幢，按照楼宇面积、经营用途、产权性质等要素，将185幢楼宇分为2000平米以下的小微楼宇和2000平方米以上楼宇两大类，其中2000平方米以上楼宇经过甄别和筛选又分为商办类、独栋经营类、商业配套类、军产类和其他类等 5 类。在此基础上，全区挑选商办类 66 幢楼宇为区管重点楼宇，并结合楼宇实际情况，年度动态更新。

结合摸底调研及市、区两级"十三五"规划和《镇江市城市总体规划》等上位规划，聘请专业机构制订全区《楼宇经济发展规划》，在空间布局、功能划分、产业导向、政策协调和片区定位等方面都作了长期、统筹谋划。在产业布局方面，重点打造"一核两带"产业布局。"一核"，即大市口商业圈，以中山路和解放路交汇点为中心，南至正东路、健康路，北至大西路、万古一人街，东至梦溪路，西至古运河。"两带"，即沿长江楼宇经济带和学府路楼宇经济带。前者，指以长江路、东吴路、禹山路西段为主轴向两侧辐射；后者，西至梦溪广场，东至江苏大学，以学府路为主轴向两侧辐射，覆盖宗泽路及江苏大学周边。

在产业导向方面，大市口商圈主要以推动传统商贸的转型升级为主，注重高端商务中心的打造，形成现代商贸、商务服务、现代金融等业态竞相发展的格局；长江楼宇经济带主要利用沿长江自然风光和优质旅游资源，积极发展科技金融、文化创意、休闲旅游等产业，针对沿江住宅小区大量集中的特点，集聚发展健康医疗、养老及家庭服务等产业；学府路楼宇经济带主要利用沿学府路高等教育集中的科教资源优势，积极打造镇江科技创新集聚区，形成软件与信息产业、电子商务、服务外包、创新创业等产业集聚。

在建立健全工作机制的同时，区级层面出台《实施意见》《考核办法》《领导小组及分工》《专项引导资金的政策意见》《楼宇经济政策汇编》《行动纲要》等 6 份文件，2018 年共兑现楼宇经济扶持资金 137.42 万元，2019 年兑现楼宇经济扶持资金 345.57 万元。

2019 年开始，区委、区政府提出"三重三造三提升"的工作总要求，即重品质、重配套、重服务；改造一批老旧楼宇、打造一批特色楼宇、塑造一批高端楼宇；提升企业入住率、提升资源使用率、提升税收贡献率，进一步强化楼宇经济发展质效。积极探索楼宇招商渠道，加大区级层面统筹力度，选择成熟的苏宁 5A 级写字楼、智汇科技中心、滨江商务中心、云时代中心等楼宇优先推介，逐步搭建楼宇招商平台，重点引进以现代金融、商务服务、信息服务、科技研发等为主的楼宇经济业态体系。洽谈推进了国泰新点江苏运营中心、微软·云——镇江数字经济创新平台、盈科律师事务所镇江总部等项目，2020 年签约载体类项目 32 个，总投资 12.5 亿元。

此外，按照《专项引导资金的政策意见》，对楼宇硬件改造提升、优质企业招引落户、单体楼宇做大做强等方面进行政策引导。位于市中医院附近的蓝文化（镇江）创意产业园区就是京口楼宇升级改造的成功案例，京口区成功引进江苏中元控股集团旗下蓝系列产业园项目，打造了由 7 栋楼宇构成、总面积超 1 万平方米的创意园区，主要发展文化创意、广告会展、教育培训等产业，目前已有江苏红狐科技、木槿文化传媒等企业入驻。

目前，京口区楼宇特色更加鲜明。围绕"特色发展、示范引领"的思路，京口区打造了大市口街道的八佰伴税收亿元楼、总部经济产业园、四牌楼街道的文广大厦生命美丽健康产业园、象山大禹山的互联网创新创业产业园、健康路街道的苏宁镇江现代服务业"第一楼"等特色楼宇、主题楼宇；健康路街道正探索"悦商会"共享共促模式（苏宁旗下物业和业主资源共享平台），正东路街道全力构建镇江数字经济产业新高地。

第十章 古镇今昔

丹徒和谏壁，是京口区境内的两大古镇。在古老的历史长河里，两大古镇曾发生过许多惊心动魄的故事，在史书上写下过许多浓墨重彩的篇章。

漫步在古镇上，随处可见的一座雕花门楼，几道深深车辙，便映射出沧桑的痕迹。定格在时光深处的古镇，从历史厚重的帘幕后走来，正迎来新的发展和腾飞。

第一节 风雨古邑丹徒镇

公元前545年，已经到了春秋晚期。这一年，齐国左相庆封如丧家之犬，从渤海之滨，逃到地处江南的吴国。出人意料的是，吴王余祭竟然将朱方这个地方赏赐给他，并将女儿嫁给他。于是，庆封聚集了很多族人居住在朱方，财富甚至超过在齐国担任左相的时候。

庆封为什么要从遥远的齐国逃到吴国呢？这就要从公元前548年齐国的一场内乱说起了。那一年，齐国右相崔杼杀死了国君齐庄公。庄公的弟弟齐景公即位，崔杼和庆封共同执掌朝政。眼见崔杼一手遮天，庆封心里极度不满，于是使出阴招，弄得崔杼家破人亡，上吊自杀。除掉崔杼之后，庆封开始专权。过不多久，荒淫无度的庆封干脆将政务交给儿子庆舍处理，自己只图快活去了。第二年秋天，庆封率领族人外出打猎，没想到朝中贵族趁此机会发动政变，杀掉庆舍，一举铲除庆封的势力。闻此消息，庆封只得逃往其他国家。

庆封避祸逃到吴国之后，吴王余祭赏赐给庆封的朱方，在今天的哪里呢？

西晋杜预《春秋左氏经传集解》没有指明所在，仅注"朱方，吴邑"。南朝裴骃《史记集解》引《吴地记》，云："朱方，秦改曰丹徒。"唐代颜师古注《汉书》，在"丹徒"条下注道："即春秋云朱方也。"《正德丹徒县志·沿革》云："春秋属吴，为朱方。"显然，古之朱方，现位置大约在今丹徒镇附近。

"朱方"作为地名，非常古老。带有"方"字的地名，主要流行于商朝。长江下游地区通过考古发现带有"方"字的地名，有徐方、虎方、林方等。"方"可以表示某个国家，也可以表示某个族群。"朱方"，很可能是在史籍中保留下来的极其罕见的一个商代地名。

《史记·吴太伯世家》提及"朱方"时，称为"朱方之县"，这是吴国唯一见诸史料记载的县名。春秋初期，一些比较大的诸侯国开始设县，当时县的地位比郡要高，所谓"克敌者，上大夫受县，下大夫受郡"。朱方既已设县，可见其在吴国的重要地位。

庆封在朱方的好日子没有过上几年，灾难来了。公元前538年秋七月，楚灵王会盟诸侯，攻打朱方，讨伐庆封。据《左传》记载，楚王"使屈申围朱方，八月甲申，克之。执齐庆封而尽灭其族"。

丹徒镇的古老历史，便是在这样的一次战争中拉开了厚重的帷幕。及至秦朝，"丹徒"作为地名正式登上历史舞台。秦始皇开凿新的通江河道后，当时的丹徒镇作为丹徒县县治所在地，掀开了新的发展篇章。

两汉之际，丹徒县治所皆在今丹徒镇。至迟到汉时丹徒县已有城垣，史称"丹徒故城"。《史记正义》引《括地志》云："丹徒故城在润州丹徒县东南十八里，汉丹徒县也。"清《嘉庆丹徒县志·城池》云："按以道里考之，盖即今丹徒镇，古之朱方也。"

丹徒故城早已不存。北魏郦道元《水经注》引《地理志》云："丹徒县北二百步有故城，本毗陵郡治也。旧去江三里，岸稍毁，遂至城下。城北有扬州刺史刘繇墓，沦于江，江即北江也。"以此可知，到了六朝时期，随着长江南岸坍江，丹徒故城已濒临江岸。南岸坍江在唐时最为严重，丹徒故城恐于其时沦于大江。

1980 年 1 月，丹徒镇金家山西汉早期墓葬出土一方"丹徒右尉"铜印。印体方形，鼻钮，"丹徒右尉"四字系阴刻隶书。尉是负责地方军事与治安的官员。此铜印系墓主生前官印无疑，可惜其人已是无考。

据《汉书·百官公卿表》，秦汉时无论县的大小，皆设有丞、尉，尉的额数则未言明。《后汉书·百官志》云："每县、邑、道，大者置令一人，千石；其次置长，四百石；小者置长，三百石……县万户以上为令，不

丹徒右尉铜印
金家边西汉早期墓出土，镇江博物馆藏

满为长。侯国为相。皆秦制也。丞各一人，尉大县二人，小县一人。"通常认为，大县设二尉始于东汉。这枚"丹徒右尉"铜印的出土，说明西汉初年大县即已设左、右二尉。由此可知，其时丹徒已发展成东南地区万户以上的大县。

西汉时丹徒县的经济文化中心，位于以丹徒镇为中心的沿江一带。近年来，在这一带先后发现多座西汉墓葬，表明该地区村落聚居集中，较为繁荣。

晋武帝司马炎统一天下之后，对全国地方行政区划进行了调整，实施州、郡、县三级管理体制。丹徒县属扬州毗陵郡。郡治先设于丹徒，后迁往毗陵（今江苏常州），未久复迁还丹徒，这是丹徒县作为郡治之始。直至东晋安帝义熙九年（413），复迁晋陵（今江苏常州），隋开皇九年（589）废。从隋朝开始，丹徒县治正式从丹徒移至京口。

据《元丰九域志》记载，北宋时丹徒全县有"八乡三镇一寨"，丹徒镇即为"三镇"之一。据《万历镇江府志·郡邑志》，丹徒镇在县东十五里，北宋雍熙四年（987）置。

随着县治移置京口，丹徒镇不再是丹徒县的政治经济文化中心。地位虽有所下降，但此地"通大江，达运河"，运道所经，依然"商旅辐辏"。明末清初邑人冷士嵋在一篇文章里写道："镇旧有桥，东西烟井，万家夹渠而居，恃桥以通往来。"既称"万家夹渠而居"，可见丹徒镇居民稠密，规模不小。

文人墨客、贩夫走卒沿水路南来北往，丹徒镇乃是必经之道。明嘉靖十八年（1539），日僧策彦和尚奉命使明，从杭州沿大运河一路北行。舟船行至丹徒坝后，策彦和尚上岸游览丹徒镇，并在《入明记》一书里详细记述了丹徒镇风貌：

过许大人山庄，傍山有小堂宇，颜"丛泉堂"三大字，古文。左右柱题句云"花外丝纶留客钓""竹间图史借人看"。入翠微深处则有小亭，四柱是古柏之屈蟠者，缚枝作栋梁之形。又下蹬路，有小亭，揭"四友亭"三字。有花坛，或栽牡丹或栽梅。又有黄杨木，各折一枝而归。

次过一大人家里，壁间题句云"江水时到岸，青山长在门"。入门则有堂宇，横揭"芝山精舍"四大字，东皋书。又所历过之门左右题句云"宅对青山同谢朓""门垂碧柳似陶潜"。

又卖酒家帘铭，或书"欢伯醉佳"四字或"迎仙驻鹤酒馆"六字，或书"江南第一夺魁酒馆"八字，或书"朱方集宾酒馆"六字。酒店壁间书"发誓不赊"。

策彦和尚还游览了海会禅寺和张良庙。透过《入明记》里的这段文字，丹徒镇昔时风貌，不难遥想。

清顺治十年（1653）闰六月，史学家谈迁沿运河北上途中，曾从辛丰镇舟行十里，经过丹徒镇。只见江潮上涨时，运河上的船夫"挽舟而争，邪许如沸"。"邪许"指劳动时的号子声。永宁桥左天枢庙，"祀汉留侯，道家崇奉之，旧鄞县沈文恭一贯题楹"。谈迁另过华氏园，只见"竹树峭森"。谈迁以"丹徒土沃，村舍完洁"来总括所见所闻。其时明清易鼎未久，可见战火并未给古老的丹徒镇造成巨大破坏。

明清时，丹徒古镇商铺鳞次栉比，运河之上商船往来不绝。一条古色古香的老街，傍水而建，横贯全镇，甚是繁华。从清王翚、杨晋等绘制的《康熙南巡图》上，可见丹徒古镇商贸之盛。图中所绘的桥梁，即为永宁桥。

及至近代，丹徒古镇犹如一位饱经沧桑的老人，默默地伫立在古运河畔，期待着新的发展和腾飞。

第二节　水道沧桑说谏壁

西汉景帝三年（前154），吴王刘濞打着"诛晁错，清君侧"的旗号，在广陵发动叛乱，楚、胶西、胶东、淄川、济南、赵等诸王随后相继发兵，西汉历史上著名的"七国之乱"就此爆发。

朝廷负责率兵平乱的是太尉周亚夫。周亚夫实施的是"坚壁清野"的战略。他不和吴、楚之兵交战，而是以奇兵断绝了叛军的粮道。由于粮道被断，叛军连日饥饿难忍，各相奔溃。直至此时，周亚夫方才领精兵追击，一举平定叛乱。

兵败后，刘濞领数千残兵渡过长江，逃至与广陵隔江相对的丹徒。刘濞为什么要逃到丹徒来呢？原来，这里驻守着东越的一万多兵卒。刘濞兴兵叛乱时，曾派人前去联系东越王，希望东越王能够发兵相助。于是东越王发来万余兵马，驻守在丹徒，以作策应。

西汉朝廷买通了东越王。趁刘濞慰劳军队之机，东越王派人用戈戟将其当场刺死，随后将其人头割下装起来，驰驿传至长安。平定"七国之乱"，标志着西汉诸侯王势力的威胁基本被清除，中央集权得到巩固和加强。

刘濞死后葬于丹徒。司马贞《史记索隐》云："吴王濞葬丹徒县南，其地名相唐。"《史记正义》引《括地志》，云："汉吴王濞冢在润州丹徒县东练壁聚北，今入于江。"同时引《吴录》云："丹徒有吴王冢，在县北，其处名为相唐。"由此可知，吴王刘濞的墓葬当年在谏壁一带。至迟到唐代，已坍于江中。

练壁聚，乃是谏壁旧称。作为历史悠久的古镇之一，既云"练壁聚"，则昔日谏壁当是练兵营垒之所在。除了练壁聚，在史书里谏壁还有多个名称。《宋书·后妃传》称"练壁里"，《宋书·索虏传》称"练壁"，《南史·后妃传》称"练壁里"，马令《南唐书·卢绛传》称"涧壁"。"涧壁""谏壁"同音，与"练壁""练壁"音近。可见谏壁这一地名，系从"练壁"逐步演变而来。

作为谏壁古地名，吴王刘濞墓葬所在地相唐早已不复存在。其地很可能和刘濞墓一样，已尽坍江中。

目前的考古发现表明，早在新石器时代，谏壁地区已有人类活动。1957年，南京博物院和江苏省文物管理委员会在谏壁烟袋山发现新石器时代遗址，除大量石器和陶器外，还出土有骨器及兽骨。2009年夏，镇江博物馆对谏壁终家村遗址进行抢救性考古发掘，发现这是一处早期的新石器时代文化遗存，出土物大多为陶器。

特别值得一提的是，烟袋山遗址出土一件磨制大石犁。犁身呈三角形，前端尖锐，两边侧刃，面上穿凿四

大石犁
烟袋山遗址出土，镇江博物馆藏

孔，精良而坚固。犁是农业生产的主要破土工具。良渚文化时期，农耕方式得以改进，以犁耕为主。这件大石犁，在国内出土的原始农具里占据一定地位，目前收藏在镇江博物馆。

此外，在谏壁至大港沿江地区，考古发现多座吴国时期的王侯贵族墓葬。1987 年，丹徒考古队对谏壁青龙山磨子顶大墓考古发掘时，在墓道两侧发现两具保存完好的随葬奴隶青年男、女骨架。此外，墓内横陈着三匹殉马的骨架，这在江南土墩墓里极其罕见。该墓曾遭盗掘，墓室内散布着青铜器碎片及石编磬残件。一件象征王权的鸠杖只剩下砸坏的杖镦，青铜杖首被掘墓者盗走。墓室两侧底边尚存有一批青铜兵器和车马器，共计八十余件。此墓东侧有陪葬墓。有学者推断，此墓的主人或系吴王寿梦。

2015 年年底，南京博物院、镇江博物馆对谏壁孙家村遗址进行了考古、勘探和发掘，初步认为这里是春秋中晚期吴国的一处青铜器铸造遗址。该遗址出土的一批与铸铜相关的遗物，也从侧面印证了吴国国力的日渐强大。春秋时吴国高超的青铜器铸造技术，是与当时工匠艺人对青铜合金成分比例、性能、用途的精确掌握分不开的。

六朝时期，谏壁是宋武帝刘裕皇族墓葬区。刘裕的父亲刘翘去世后，葬于侯山（今谏壁雩山）。刘裕登基之后，追尊父亲刘翘为孝穆皇帝、母亲赵氏为孝穆皇后，尊封继母萧氏为皇太后。刘翘、赵氏合葬于丹徒侯山的陵墓，被称为兴宁陵。萧太后薨逝后，祔葬于此陵。刘裕之子刘义季、刘义真等的陵墓，亦在谏壁。

陶宗仪《古刻丛钞》收录有《宋故临澧侯刘使君墓志》，

墓主乃刘裕弟刘道怜之孙刘袭。据墓志可知，刘袭父刘义融、母王氏、生母汤氏俱葬练壁雩山。刘袭之兄刘颙、五弟刘季等，亦葬于雩山。可见谏壁雩山是刘氏族人墓区。《古刻丛钞》另收有《宋故散骑常侍护军将军临澧侯刘使君墓志》，据此墓志可知，泰始六年（470）刘袭卒于京师，后归葬琅琊之乘武岗。

谏壁扼守江河交汇之处，古来即是兵家必争之地。东吴时，相传谏壁镇甸上地区曾是孙权练兵放牧之所。元嘉二十七年（450），宋文帝主持第二次北伐，结果大败。北魏国主跖跋焘驻军瓜步，声言渡江。宋文帝诏令分军备御，于北固、蒜山、西津、谏壁、焦山皆置军，以防突犯。南唐时，大将卢绛对京口的战略地位十分重视。他曾上书后主李煜，力陈京口至涧壁（今谏壁）乃要冲之地，宜立栅屯戍，广设备御。南宋时，相传韩世忠夫妇抗御金兵，曾屯粮于谏壁粮山，此乃"粮山"得名之由。

清末爆发太平天国起义。咸丰十年（1860）四月初，太平军一度攻入谏壁，与当地团练展开激战。团练首领及团丁王溥、刘理润、王全福、蒋义等多人战死。谏壁镇居民"奔逃不及投江而死者，数不胜计。仓促之计，遂将尸骨就地掩埋"。光绪八年（1882）三月，"好善诸公慷慨资助"，迁葬江滩之尸骨，"俾免尸流骨散之惨"，并立"千人义墓"碑，以记其事。

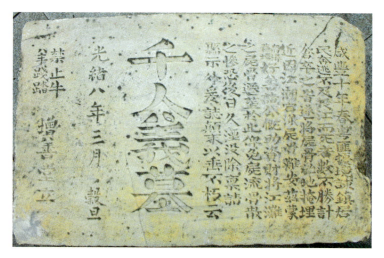

千人义墓碑

　　此碑计两块，文字内容与字体相同，唯格式稍有差别。碑文计一百二十三字，云："咸丰十年春，粤匪扰境，谏镇居民奔逃不及投江而死者数不胜计，仓卒之时遂将尸骨就地掩埋。近因江潮宕漾，尸骨难安。兹蒙南浔、苏垣好善诸公慨助资财，将江滩之尸骨迁葬于此，俾免尸流骨散之惨。恐后日久湮没，除禀请县示外，爰志颠末，以垂不朽云。千人义墓。光绪八年三月榖旦。禁止牛、羊践踏。增善堂立。"此碑系 2006 年 8 月镇江博物馆考古部从谏壁镇一刘姓居民家征集而来

　　谏壁人杰地灵，晚清时涌现诸多人才。其中有秀才吴子权、吴秉文、王图东、赵星彬、丁公斋、杨廷杰，书画家许笠山、许铁民、吴文炳，上海金融界著名人士焦绕山、王锡五等。民国年间，电器制造家杨济川，中医王佩南、王九皋、王植三、王建元、赵少林，金融骄子王耀宇、郑玉兴等，也是谏壁人。

　　谏壁地理位置独特，古来商业即较为发达。特别是晚清以来，不少外地商人相继来谏壁定居，促进了街市的繁华。商业最为繁盛之时，有店铺一百七八十家。抗战期间，市场逐渐萧条。新中国成立以后，随着京杭大运河的拓浚，全新入江河道

的开凿，每天经过谏壁船闸，穿行于大运河上的船只川流不息。谏壁，这座千年古镇，焕发出新的青春和活力。

目前的谏壁街道隶属于镇江市京口区，距市中心约 13 公里，素有镇江"东大门"之称。街道总面积 32 平方公里，辖 3 个行政村、6 个社区，2020 年年末常住人口 12259 户、24619 人。

作为重要的工业重镇，谏壁产业门类齐全，工业基础雄厚，例如粮油加工、仓储物流、电子信息、钢铁制造、电力、机械加工等行业已形成了一定的产业规模，拥有中储粮、谏壁电厂、鸿泰钢铁、飞驰汽车等规模骨干企业。曾获得"江苏省放心消费示范单位""江苏省法治文化建设示范单位""镇江市经济发展十强乡镇""镇江市人才工作十佳乡镇"等荣誉称号。

产业发展方面，在明确西部工业、中部服务业、东部农业发展格局的前提下，以先进制造业为切入点，寻求优质项目落户。目前谏壁正在打造以海工装备、智能制造、粮油加工及仓储、环保设备、大数据等为方向的产业发展布局，重点围绕原金港产业园、粮油加工特色产业园等板块开展项目招引与建设。

近年来，通过打造"高质量生产区""中心生活区""绿色生态区"，谏壁街道"三生共融"的发展格局逐渐形成。

高质量生产区。"两片一园"产业布局，"两片"分别为金港片区和中储粮粮油基地片区，"一园"以现有建材市场和周边土地为依托，构建中小企业园。

中心生活区。"两街两河一中心"舒适生活区，"两街"为越河街和零山街，"两河"为大运河和翻水河，处于街道中心街区。该区域重点引进现代服务业，发展楼宇经济。

绿色生态区。"一山三路"生态区，以雩山为中心，5000亩基本农田为基础，雩龙路以东、金港大道以南、谏辛路以东为区域，重点推动现代农业开发，引进高水平农业项目，打造高标准农田。

参考文献

1. 镇江市史志办公室. 嘉定镇江志［M］. 笪远毅、乔长富，点校. 镇江：江苏大学出版社，2014.

2. 王骧. 镇江史话［M］. 南京：江苏古籍出版社，1984.

3. 镇江市地方志编纂委员会. 镇江市志［M］. 上海：上海社会科学院出版社，1993.

4. 严其林. 镇江史要［M］. 苏州：苏州大学出版社，2007.

5. 徐苏. 京口夜话［M］. 镇江：江苏大学出版社，2010.

6. 镇江市历史文化名城研究会. 镇江历史文化大辞典［M］. 镇江：江苏大学出版社，2013.

7. 习斌. 文物里的丹徒三千年［M］. 上海：上海古籍出版社，2020.

8. 习斌. 大运河上的"江南屋脊"——行走丹徒水道［M］. 四川：四川大学出版社，2022.

9. 京口区史志办公室. 京口年鉴［M］. 南京：江苏人民出版社，2020.

后　记

阳春三月临"危"受命，金秋十月初稿告讫。纵使心中百般滋味，归结起来主要是"感谢"二字。

感谢京口这方热土，历史悠久、人文荟萃，魅力独特、神籁自韵，让我们更加自觉地以充沛的激情、生动的笔触，更好地记录京口人民的创新创造，书写京口更具时代风骨的宏伟篇章。

感谢时任京口区委常委、宣传部部长孙国林，以及京口区文化体育和旅游局局长宜建美、党组书记李瞰的信任；感谢习斌老师从选题立项、书稿结构到布局行文、图片提供等方面给予的全力帮助、全心投入、全情支持；感谢钟程发主任、孟宪威处长的指导；感谢陶宝强、戈晨、凌欣琪和刘蓉、梅昆、刘丹、余畅、张书诚、石达临、金玉、郭经涛、左举华、董丽、童磊、陈允军、李佳等同志的帮助；特别感谢家人背后默默的付出与支持！本书图片大多已注明出处，部分图片来自网络，未能注明，在此对摄影者一并表示感谢。

囿于水平有限，文中所涉观点及史实如有不足之处，恳请专家、读者批评指正！

巫长龙

2021 年 10 月初稿

2022 年 10 月修订